O dom
de ser você
mesmo

David G. Benner

O dom de ser você mesmo

O chamado sagrado ao autoconhecimento

Tradução de Barbara Theoto Lambert

Edições Loyola

Título original:
The Gift of Being Yourself. The Sacred Call to Self-Discovery
© 2015 by David G. Benner
InterVarsity Press – P.O. Box 1400, Downers Grove, IL 60515
ISBN 978-0-8308-4612-2

Originally published by InterVarsity Press as *The Gift of Being Yourself* by David G. Benner. Expanded edition © 2015 by David G. Benner. Translated and printed by permission of Intervarsity Press, P.O. Box 1400, Downers Grove, IL 60515, USA. www.ivpress.com.

Publicado originalmente por InterVarsity Press como *The Gift of Being Yourself* by David G. Benner. Edição ampliada © 2015 by David G. Benner. Traduzido e publicado com permissão de Intervarsity Press, P.O. Box 1400, Downers Grove, IL 60515, USA. www.ivpress.com.

Dados Internacionais de Catalogação na Publicação (CIP)
(Câmara Brasileira do Livro, SP, Brasil)

Benner, David G.
  O dom de ser você mesmo : o chamado sagrado ao autoconhecimento / David G. Benner ; tradução Barbara Theoto Lambert. -- São Paulo : Edições Loyola, 2024. -- (Espiritualidade cristã)

  Título original: The gift of being yourself. The sacred call to self-discovery
  ISBN 978-65-5504-340-2

  1. Autoconhecimento - Aspectos religiosos - Cristianismo 2. Deus (Cristianismo) - Conhecimento 3. Fé 4. Espiritualidade I. Título. II. Série.

24-191771   CDD-204.2

Índices para catálogo sistemático:
1. Autoconhecimento : Aspectos religiosos : Cristianismo   204.2

Eliane de Freitas Leite - Bibliotecária - CRB 8/8415

Capa: Ronaldo Hideo Inoue
  Composição a partir de edição
  da imagem original (gerada com IA)
  de © iv work. © Adobe Stock.
Diagramação: Telma Custódio
Revisão: Maria Teresa Sampaio

Edições Loyola Jesuítas
Rua 1822 nº 341 – Ipiranga
04216-000 São Paulo, SP
T 55 11 3385 8500/8501, 2063 4275
editorial@loyola.com.br
vendas@loyola.com.br
www.loyola.com.br

Todos os direitos reservados. Nenhuma parte desta obra pode ser reproduzida ou transmitida por qualquer forma e/ou quaisquer meios (eletrônico ou mecânico, incluindo fotocópia e gravação) ou arquivada em qualquer sistema ou banco de dados sem permissão escrita da Editora.

ISBN 978-65-5504-340-2

© EDIÇÕES LOYOLA, São Paulo, Brasil, 2024

Para

Gary Moon

e

Jeff e DeAnne Terrell

Só há um problema do qual dependem toda a minha existência,

minha paz e minha felicidade:

descobrir a mim mesmo ao descobrir Deus.

Se o encontrar, encontrarei a mim mesmo e,

se encontrar meu verdadeiro eu, encontrarei Deus.

THOMAS MERTON

O itinerário espiritual

Quando aplicada à vida espiritual, a metáfora de um itinerário é prestativa, mas também um tanto enganosa. É prestativa quando reflete o fato de a espiritualidade ser um processo — especificamente, um processo de transformação. É pouco prestativa ao obscurecer o fato de já sermos o que buscamos ser e de já estarmos onde ansiamos chegar — especificamente, em Deus. Quando percebemos isso, a natureza do percurso revela-se como sendo mais de despertar do que de realização, mais de percepção espiritual do que de conquista espiritual.

Entretanto, há duas razões muito boas para descrever a vida espiritual em termos de um itinerário. Primeiro, ela se adapta muito bem à nossa experiência. Estamos cônscios de que o eu que começa o percurso espiritual não é o mesmo que o termina. As mudanças de identidade e consciência — como entendemos o que significa ser eu e nossa experiência interior de passar pela vida — são suficientemente profundas para serem descritas como transformacionais. A mesma coisa vale para as mudanças em nossa capacidade de amar e o funcionamento de nossa vontade e de nossos desejos.

A segunda razão é que o itinerário espiritual envolve percorrer um caminho. Muito mais que adotar uma série de crenças, um caminho é uma prática ou série de práticas que vai dar caráter a toda a nossa vida. Seguir esse caminho é o jeito de participarmos de nossa transformação. É o jeito de viajar para Deus e, enquanto fazemos isso, descobrir que já estamos o tempo todo com ele. É o jeito de nossa identidade, nossa consciência e nossa vida fundamentarem nossa personalidade em Deus e o ser de Deus em nós.

Espiritualidade cristã é adotar a mente e o coração de Cristo à medida que o reconhecemos como a verdade mais profunda de nossa existência. É pôr em prática o Cristo que está em nós. É nos tornarmos plena e profundamente humanos. É experimentar e responder ao mundo por meio da mente e do coração de Deus à medida que aderimos ao objetivo transformacional divino de renovar todas as coisas em Cristo. É participar da própria vida de Deus.

Esta trilogia descreve a prática cristã fundamental de entrega, como esta prática se desenvolve em resposta ao Amor Perfeito e as mudanças que isso produz em nossa vontade e em nossos desejos mais profundos. Cada um destes livros focaliza um desses aspectos, porém entrelaçando-o com os outros. Juntos servem de manual para trilhar o caminho espiritual enquanto o coração e a mente divinos tornam-se lenta, mas verdadeiramente nossos. A trilogia do Itinerário Espiritual inclui:

A entrega total ao amor. Descobrindo a essência da espiritualidade cristã[1]
O dom de ser você mesmo. O chamado sagrado ao autoconhecimento[2]
Desejar a vontade de Deus. Alinhando nossos corações ao coração do Senhor[3]

---

1. Trad. brasileira: São Paulo: Loyola, 2006. Título original: *Surrender to Love: Discovering the Heart of Christian Spirituality*. (N. do E.)
2. Título original: *The Gift of Being Yourself: The Sacred Call to Self-Discovery*. (N. do E.)
3. Trad. brasileira: São Paulo: Loyola, 2008. Título original: *Desiring God's Will: Aligning Our Hearts with the Heart of God*. (N. do E.)

Sumário

Introdução por Dom M. Basil Pennington 11
Prefácio: Identidade e autenticidade 15
1. Conhecimento transformacional de si mesmo e de Deus .. 21
2. Conhecer Deus 35
3. Primeiros passos para você conhecer a si mesmo 49
4. Conhecer-se como você realmente é 65
5. Desmascarar seu falso eu 81
6. Transformar-se em seu verdadeiro eu 97
Epílogo: A identidade e o itinerário espiritual 115
Apêndice: Para reflexão e discussão 123
Guia para uma discussão em seis sessões de
O dom de ser você mesmo 125
Guia para discussão em uma única sessão de
O dom de ser você mesmo 137
Livros por David G. Benner 143

Introdução

por Dom M. Basil Pennington, OCSO

Incluo a leitura do volume anterior do Dr. David Benner, *A entrega total ao amor*, entre as grandes graças de minha vida. Agora o doutor nos presenteia com outro volume pequeno e marcante. Aqui, como alhures, a escrita de Benner é convincente porque resulta da profunda experiência pessoal que ele generosamente compartilha com os leitores. Escreve de modo ponderado a respeito de Deus porque, como diz, conhece Deus e "Deus é o único contexto em que a [nossa] existência faz sentido". E, de novo, de seu jeito eminentemente prático e compreensivo, Benner nos ensina a entender a sabedoria que ele compartilha.

Um dos projetos de aposentadoria que estabeleci para mim (quando a aposentadoria estava bem longe!) foi assimilar as ideias fecundas de alguns dos grandes pensadores de nosso tempo — Bernard Lonergan, Pierre Teilhard de Chardin, John Dunne — e reapresentá-los em termos mais simples que os tornassem mais prontamente acessíveis ao leitor comum para que pudessem influenciar sua vida. Sem perceber, David Benner fez algo parecido, tornando acessíveis para nós em um texto muito interessante, mas não menos fecundo, algumas das ideias positivas de Teilhard de Chardin — aqui penso especialmente em *O Meio Divino*. A imanência universal de Deus, que sempre nos cria em seu amor e está conosco em tudo que fazemos, recebe importância pastoral imediata. Ao ler este volume, nossa mente só pode ansiar por abraçar a sacralidade de toda vida humana com suas implicações práticas quanto ao aborto, à eutanásia, à pena de morte, às armas e à guerra, ao cuidado ecológico para que nosso planeta sustente as próximas gerações e ao compartilhamento apropriado do que temos agora para sustentar a vida nesta geração.

Alguns vão também perceber que Benner nos dá um compêndio para o que talvez seja o programa espiritual mais marcante criado no século passado, o Programa dos Doze Passos, agora adaptado a tantos de nossos males mais profundos. Toda pessoa de mais idade que tenha esta percepção, que surge com os anos e principalmente com a aposentadoria, convence-se de ter de alguma forma vivido a "mentira que nasceu do solo do desconhecimento de si mesmo".

Doutor Benner nos atira repetidas vezes ditos espirituosos que acertam o alvo com dolorosa precisão. Frases surpreendentes surgem de repente para ficarem gravadas na memória e nos chamam continuamente à verdade:

> Nosso desafio é descobrir o Divino no natural e nomear a presença de Deus em nossas vidas.

> Criada a partir do amor, por amor e para o amor, nossa existência não faz sentido separada do amor divino.

> Se Deus o ama e o aceita como pecador, como você poderia fazer menos que isso?

> A aceitação de si mesmo sempre precede a genuína submissão e autotransformação.

Acreditamos que sabemos cuidar de nossas necessidades melhor do que Deus.

Todos temos tendência a moldar um deus que se adeque à nossa falsidade.

Não é procurando-o que encontramos nosso verdadeiro eu. Antes, nós o encontramos ao procurar Deus.

Jesus é o Verdadeiro Eu que por sua vida nos mostra como encontrar nosso eu em relação a Deus

Nossa felicidade é importante para Deus.

...só para listar algumas.

Este é um livro muito estimulante. Dar-lhe toda a atenção e procurar implementá-lo em nossa vida leva a uma transformação e significa a morte de nosso falso eu que cultivamos com cuidado. Isso dói, para dizer o mínimo. Se eu fosse sem pecado, a imagem perfeita de Deus, poderia conhecer o Deus do amor. Mas conhecer-me como pecador permite-me conhecer algo mais: um Deus de misericórdia — algo maior, pois o amor responde ao que é bom e amável; a misericórdia responde ao que não é bom e torna-o bom e amável, o dom de ser eu mesmo.

O livro de David Benner há pouco começou a exercer sua função dentro de mim. Vou passar muitas horas com ele – horas que, acredito, serão muito proveitosas. Espero que essa também seja sua experiência.

Prefácio

Identidade e autenticidade

É uma profunda ironia escrever um livro promovendo o autoconhecimento para pessoas que buscam seguir um Cristo que sacrificou a si mesmo. Pode fazer o leitor temer que eu tenha esquecido — ou pior, não levado a sério — o ensinamento paradoxal de Jesus: é ao perder nosso eu que realmente o encontramos (cf. Mt 10,39). Ao ler, acho que você vai perceber que não fiz nem uma coisa nem outra.

Embora conceitos como autoconhecimento, identidade e autenticidade sejam facilmente descartados como meros balbucios psicológicos, todos têm papel importante a desempenhar no itinerário transformacional da espiritualidade cristã. Mesmo na passagem mateana que acabamos de citar, Jesus fala tanto do autoconhecimento como do sacrifício de si mesmo! Mas não há dúvida que o percurso para encontrar nosso eu verdadeiramente autêntico em Cristo e enraizar nossa identidade nessa realidade é drasticamente diferente do plano de autorrealização promovido pela psicologia popular.

O absurdo da abordagem da pessoa pela psicologia popular está representado em uma tirinha que vi recentemente. Dirigindo-se a um estranho em uma festa, uma mulher diz:

"Não conheço ninguém aqui além da anfitriã — e, claro, em um sentido muito mais profundo, eu mesma". É óbvio que há muitos meios profundamente não cristãos e quase sempre bem ridículos de buscar autoconhecimento e autenticidade! Ainda assim, a espiritualidade cristã tem muito a ver com a pessoa, não apenas com Deus. A meta do itinerário espiritual é a transformação da pessoa. Como veremos, isso exige conhecer nosso eu e também Deus. As duas coisas são necessárias para descobrirmos a verdadeira identidade daqueles que estão "em Cristo" (2Cor 5,17), porque nossa pessoa está onde encontramos Deus. As duas coisas são necessárias para vivermos a singularidade de nossa vocação.

Em toda a criação, a identidade é desafio somente para os seres humanos. Uma tulipa sabe exatamente o que ela é. Falsos modos de ser nunca a seduzem. Ela também não enfrenta decisões complicadas no processo de transformação. Também é assim para cães, pedras, árvores, estrelas, amebas, elétrons e todas as outras coisas. Todos glorificam a Deus sendo exatamente o que são. De fato, sendo o que Deus quer que sejam, elas o obedecem. Os seres humanos, porém, enfrentam uma existência mais desafiadora. Pensamos. Consideramos opções. Decidimos. Agimos. Duvidamos. Ser simples é tremendamente difícil, e a vida completamente autêntica é extremamente rara.

Corpo e alma contêm milhares de possibilidades com as quais você pode formar muitas identidades, mas só em uma delas você encontrará seu verdadeiro eu que está escondido em Cristo desde toda a eternidade. Somente em uma delas você descobrirá sua vocação especial e sua realização mais profunda. Como afirma Dag Hammarskjöld, você nunca descobrirá isso enquanto não "excluir todas aquelas possibilidades superficiais e transitórias de ser e fazer com as quais você brinca por curiosidade, deslumbramento ou ganância e que o impedem de se fixar na experiência do mistério da vida e na consciência do talento que lhe foi confiado, que é seu eu"[1].

Todos vivemos em busca daquele único modo possível de ser que traz o dom da autenticidade. Estamos mais conscientes dessa busca por identidade na adolescência, quando ela tem primazia. Nessa etapa da vida experimentamos identidades como se fossem roupas, procurando um estilo de ser que se adapte a como queremos ser vistos. Mesmo bem depois da adolescência, de vez em quando muitos adultos têm a sensação de ser uma fraude — a sensação de não ser o que procuram ser, mas sim o que procuram *não* ser. Com um pouco de reflexão, a maioria de nós pode tomar consciência das máscaras antes adotadas como estratégias para evitar sentimentos de vulnerabilidade, mas que se tornaram partes de nossa personalidade social. Tragicamente, aceitamos facilmente o subterfúgio e um eu realmente autêntico quase sempre parece ilusório.

Entretanto, para todos nós há um jeito de ser que é natural e profundamente harmonioso como a vida da tulipa. Debaixo dos papéis e máscaras encontra-se a possibilidade de uma pessoa que é única como um floco de neve. É uma originalidade que existe desde que Deus primeiro nos amou e nos criou. Nosso verdadeiro eu em Cristo é o único que vai apoiar a autenticidade. Ele e somente ele proporciona uma identidade que é eterna.

Como Thomas Merton observou, encontrar esse eu único é o problema do qual dependem toda nossa existência, paz e felicidade[2]. Nada é mais importante, pois quando encontramos nosso verdadeiro eu, encontramos Deus, e se encontramos Deus, encontramos nosso eu mais autêntico.

---

1. Hammarskjöld, Dag, *Markings*. New York: Alfred A. Knopf, 1969, 19.
2. Merton, Thomas, *New Seeds of Contemplation*. New York: New Directions, 1961, 36.

Transformar-se em seu verdadeiro eu

Ser você mesmo não teria nenhum sentido espiritual se sua singularidade não tivesse imenso valor para Deus. Cada pessoa é exatamente isto – de valor inestimável para Deus. Jamais devemos ser tentados a pensar que o crescimento na semelhança com Cristo reduz nossa singularidade. Embora algumas visões cristãs da vida espiritual indiquem que à medida que nos tornamos mais como Cristo nos parecemos cada vez mais uns com os outros, essa expectativa de perda de individualidade nada tem em comum com a genuína espiritualidade cristã. De modo paradoxal, à medida que nos tornamos mais como Cristo, nós nos tornamos mais singularmente nosso verdadeiro eu.

Como veremos no que se segue, há muitos modos falsos de alcançar a singularidade. Todos resultam de tentativas de *criar* um eu em vez de *receber* o dom de meu eu em Cristo. Mas a singularidade que surge quando somos nosso verdadeiro eu não é uma singularidade de nossa invenção. A identidade jamais é simplesmente uma criação. É sempre uma descoberta. A verdadeira identidade é sempre um dom de Deus.

O desejo de singularidade é um desejo espiritual. Assim também é o anseio de ser autêntico. Não são simplesmente desejos psicológicos, irrelevantes ao percurso espiritual. Ambos são a resposta do espírito ao Espírito — o Espírito Santo chamando-nos para casa, para nosso lugar e nossa identidade em Deus.

Deus deseja que você seja mais profundamente seu eu singular, porque seu verdadeiro eu está fundamentado em Cristo. Deus o criou para essa singularidade em Cristo. Encontrar e viver seu verdadeiro eu é cumprir seu destino.

Este livro trata do percurso transformacional para nos tornarmos nosso verdadeiro eu em Cristo e vivermos a vocação que isso envolve. Depois de a defesa da interdependência entre conhecer Deus e a si mesmo ser exposta no capítulo um, o livro se organiza ao redor de três amplas necessidades enfrentadas por todos os cristãos que procuram pôr-se à disposição de Deus:

1. A necessidade de um conhecimento transformacional de Deus, resultante do encontro com Deus nas profundezas do nosso ser. É o foco do capítulo dois.
2. A necessidade de um conhecimento transformacional de Deus, resultante da descoberta de como somos conhecidos por Deus. É o foco dos capítulos três, quatro e cinco. (Dedicar três capítulos ao conhecimento de si mesmo e apenas um ao conhecimento de Deus não significa que eu considere o conhecer a si mesmo mais importante que conhecer Deus. Reflete o fato de que enquanto existem centenas de livros sobre conhecer Deus, muito pouco foi escrito sobre o papel do conhecimento de si mesmo na espiritualidade cristã. Além disso, por causa da interdependência dessas duas formas de conhecimento, vamos repetidamente encontrar meios de conhecer Deus nos capítulos que analisam meios de conhecer a si mesmo).
3. A necessidade de encontrar nossa identidade, realização e vocação em nosso eu escondido em Cristo — foco do capítulo seis.

O percurso transformacional não é tão linear quanto dá a entender, então a discussão vai ziguezaguear para frente e para trás entre esses tópicos. Além disso, as dimensões do itinerário se correlacionam. Como veremos, o conhecimento verdadeiro de nosso eu exige que conheçamos nosso eu como Deus o conhece, e o conhecimento verdadeiro de Deus exige que conheçamos Deus não apenas como abstração ou como dado objetivo, mas em nossa experiência vivida e por meio dela.

Rezo para que o que vem a seguir ajude você a descobrir a singularidade de quem você foi chamado a ser desde a eternidade. Espero que o ajude a conhecer a si mesmo e a Deus mais profundamente, e assim descobrir o dom de ser realmente você mesmo.

Sydney, Austrália
Quarta quinta-feira da Quaresma

um

Conhecimento transformacional de si mesmo e de Deus

Na epígrafe que inicia este livro, Thomas Merton nos revela o que considera a coisa mais importante do mundo — aquela da qual dependem toda a sua existência, sua felicidade e sua paz. O que você identificaria como a coisa mais importante para sua existência e bem-estar? Como você acha que a maioria dos cristãos que você conhece responderia à pergunta?

Muitos cristãos que conheço responderiam com duas palavras: "Encontrar Deus". Outros talvez usem a linguagem de conhecer, amar e servir a Deus. Alguns incluiriam na resposta a Igreja ou relacionamentos com outras pessoas. Como quer que respondessem, desconfio que a maioria dos cristãos não faria referência a seu eu.

Sugerir que conhecer Deus desempenha papel importante na espiritualidade cristã não surpreende ninguém. Para muita gente, sugerir que conhecer a si mesmo desempenha um papel igualmente importante dispara campanhas de alarme — sendo talvez o tipo de coisa que você poderia esperar de um autor que é psicólogo, não teólogo.

Contudo, o entendimento da interdependência de conhecer a si mesmo e a Deus ocupa um lugar duradouro e respeitado na teologia cristã. Thomas de Kempis afirmou que "o humilde conhecimento de si é um caminho mais seguro para Deus do que as investigações profundas do saber"[1], e a oração de Agostinho diz: "Permiti, Senhor, que eu conheça a mim mesmo para poder conhecer-te"[2]. Essa é apenas uma pequena amostra do vasto número de teólogos que defendem essa posição desde os primeiros tempos da Igreja.

A espiritualidade cristã envolve uma transformação do eu que somente ocorre quando Deus e a pessoa são conhecidos profundamente. Ambos, portanto, ocupam um lugar importante na espiritualidade cristã. Não há nenhum conhecimento profundo de Deus sem um conhecimento profundo de si mesmo, e nenhum conhecimento profundo de si mesmo sem um conhecimento profundo de Deus. João Calvino escreveu: "Quase toda a doutrina sagrada consiste nestas duas partes: conhecimento de Deus e de nós mesmos"[3].

Embora nunca tenha havido nenhuma discordância grave com esse entendimento cristão antigo, ele tem sido em grande parte esquecido pela Igreja contemporânea. Concentramo-nos em conhecer Deus e inclinamo-nos a ignorar o conhecimento de nós mesmos. As consequências são quase sempre dolorosas — matrimônios traídos, famílias destruídas, ministérios arruinados e um número incontável de pessoas prejudicadas.

---

1. Kempis, Tomás de, *Imitation of Christ*, trad. Clare L. Fitzpatrick. New York: Catholic Book Publishing, 1993, 20. (Trad. bras.: *A imitação de Cristo*. São Paulo: Loyola, 1992, 29 [N. da T.]).

2. Santo Agostinho é citado em Pourrat, Pierre, *Christian Spirituality in the Middle Ages*. London Burns & Oates: 1924, 291.

3. Calvino, João, *Institutes of the Christian Religion*, ed. de 1536 em trad. de Ford Lewis Battles. Grand Rapids: Eerdmans, 1995, 15.

Deixar o eu fora da espiritualidade cristã resulta em uma espiritualidade que não está bem fundamentada na experiência. Não está, portanto, bem fundamentada na realidade. Concentrar-se em Deus enquanto deixamos de conhecer profundamente a nós mesmos pode produzir uma forma externa de devoção, mas vai sempre deixar um espaço entre aparência e realidade, o que é perigoso para a alma de qualquer um — e, em líderes espirituais, é também desastroso para os que eles lideram.

Considere o modo como a falta de autoconhecimento afetou a vida de um conhecido pastor e sua congregação. Ninguém duvidaria do conhecimento que este homem tinha de Deus — ao menos antes de sua derrocada extremamente pública. Ele formara um ministério muito bem-sucedido em torno de sua pregação e não havia razão para desconfiar que não conhecesse pessoalmente as verdades que proclamava em público. Nem havia razão óbvia para questionar seu conhecimento de si mesmo. Quem pensasse no assunto provavelmente julgaria que seu autoconhecimento era profundo. Seus sermões quase sempre incluíam significativa revelação de si mesmo e ele dava a impressão que sabia ser vulnerável diante de Deus.

Contudo, como para muitos de nós, tudo isso era mais aparência que realidade. O eu que este pastor mostrava para o mundo era um eu público que ele criara com muito cuidado — um falso eu de sua invenção. Entre esse eu público e sua experiência real havia um enorme abismo. Entretanto esse abismo e sua experiência interior estavam em grande parte fora de sua própria percepção.

De repente, a brecha entre sua vida interior e a aparência externa foi exposta. Coisas que ele não conhecia ou não aceitava a seu próprio respeito brotaram dentro dele e destruíram a ilusão que sua vida representava. A luxúria levou ao envolvimento sexual com uma mulher que ele estava orientando, exatamente como a ganância já levara ao uso indevido de fundos da igreja. Quando essas coisas se tornaram públicas, a mentira que era sua vida implodiu. Era uma mentira que ele vivera perante a família, os amigos mais íntimos, a congregação, Deus e ele mesmo. Era uma mentira que brotou do solo do desconhecimento de si mesmo.

Não há necessidade de identificar esse homem, nem mesmo de lhe dar um nome fictício. Sua história é conhecida demais. Ele nos faz lembrar do ensinamento de Jesus sobre os perigos de um cego guiar outro cego (Mt 15,14) — ambos caindo facilmente em um buraco de dor e desespero. O quanto isso é grave? De acordo com Jesus, é melhor ser atirado ao mar com uma pedra de moinho amarrada ao pescoço do que fazer uma só pessoa tropeçar dessa maneira (Mt 18,6). Este pastor e muitos outros como ele fizeram não somente uma, mas milhares de pessoas tropeçarem e as deixaram com feridas devastadoras.

Conhecimento que satisfaz

Este homem não era desprovido de conhecimento nem de si mesmo nem de Deus. Mas nada desse conhecimento lhe fez algum bem. Nada dele era digno de ser chamado *conhecimento transformacional*.

Nem todo conhecimento transforma. Alguns simplesmente inflam como um balão cheio demais. E você sabe o que acontece aos balões cheios demais!

O ator e cineasta Woody Allen sempre fala publicamente das décadas em que fez psicanálise — três ou quatro sessões por semana em um divã, dizendo o que quer que lhe viesse à mente, permitindo que as periódicas interpretações que o analista fazia do significado dessas livres associações de ideias guiassem sua análise. Entretanto, não há nenhum indício que o autoconhecimento de Allen lhe tenha trazido liberdade ou saúde psicológica. De fato, fazendo de suas contínuas lutas neuróticas a marca de seu caráter público, com frequência ele concentra seu humor sardônico nos limites do autoconhecimento como forma de mudança.

Autoconhecimento praticado sem o conhecimento de nossa identidade em relação a Deus leva facilmente ao envaidecimento. É o eu inflado, pomposo, sobre o qual Paulo nos adverte (1Cor 8,1) — uma arrogância à qual somos vulneráveis quando o conhecimento é mais valorizado que o amor. Também leva à obsessão consigo mesmo. A menos que passemos tanto tempo pensando em Deus quanto passamos pensando em nós mesmos, o conhecimento de nosso eu simplesmente nos atrairá cada vez mais para um abismo onde só pensamos em nós mesmos.

Também é possível ficar enfatuado com o conhecimento de Deus que não nos ajuda a conhecer genuinamente nem Deus nem nós mesmos. Ter informações sobre Deus não é mais transformacional que ter informações sobre o amor. Teorias e ideias a respeito de Deus ficam em sólidos recipientes de armazenagem em nossa mente e não fazem absolutamente nenhum bem. Caso duvide, recorde as palavras ásperas de Jesus aos líderes religiosos de seu tempo que conheciam a lei divina, mas não conheciam o coração divino.

O pastor cuja história acabei de contar tinha muitas informações a respeito de Deus. Parecia também saber muitas coisas sobre si mesmo. Só que esse conhecimento era objetivo, não pessoal. Era, portanto, relativamente inútil para ele.

Ele me disse, por exemplo, saber que Deus é clemente. Mas ele nunca havia realmente experimentado essa clemência, ao menos não em relação a algum fracasso significativo. Seria mais correto dizer que ele *acreditava* que Deus é clemente, mas não *conhecia* isso como verdade experimental. Vivendo a mentira de seu eu fingido, sempre levara para o perdão de Deus pecados inconsequentes, inofensivos, jamais ousando expor a Deus a realidade de seu mundo interior. Fazer isso exigiria que ele mesmo enfrentasse essa realidade, o que não estava preparado para fazer.

Ele me disse que seu inimigo era a indolência — a preguiça espiritual. Disse que muitas vezes pediu a Deus que o perdoasse por não trabalhar com mais afinco pelo reino. Entretanto a confissão desse pecado nada mais era que uma distração. Mantinha seu foco (e talvez esperasse que fosse o foco de Deus) fora das coisas mais profundas sobre ele mesmo, que estavam tão intensamente desordenadas.

Também me disse que sabia que Deus é amor. De novo, isso era uma crença, não uma experiência. Para realmente amar a Deus, precisamos recebê-lo em um estado indefeso — na vulnerabilidade de um encontro "exatamente como sou". Este homem nunca foi capaz de permitir-se esse grau de vulnerabilidade com ninguém — nem com a esposa, nem com os filhos, nem com os amigos mais íntimos, e certamente não com Deus.

Assim, não é de surpreender que o conhecimento de si mesmo fosse igualmente superficial. Escutar as coisas que ele me contou de sua vida foi como ler um romance descartável em brochura ou assistir a um filme classe B. O papel que ele desempenhava não tinha brilho nem naturalidade. Era bidimensional. Ao me falar de si era como se descrevesse alguém que ele observara de longe. O conhecimento que possuía dessa pessoa era objetivo e remoto. Não tinha, portanto, valor transformacional. Era apenas uma tentativa deplorável de atribuir realidade de carne e osso à falsidade de seu eu fingido. A pessoa que ele procurava projetar para o mundo era uma ilusão.

Mesmo depois da crise, esse homem tinha enorme dificuldade para ser sincero. A tendência de longa data e profundamente arraigada de apresentar um eu idealizado, fingido, sobreviveu à dissolução de seu ministério e seu casamento. Não era tanto por ele mentir, quanto por viver as mentiras. É a tragédia do falso eu. Infelizmente esse homem não tinha o monopólio da falsidade. Ela faz parte de todos nós, de um modo ou de outro.

Conhecimento que transforma

O conhecimento verdadeiramente transformacional é sempre pessoal, nunca apenas objetivo. Envolve *estar cônscio de*, não só *ter informação sobre*. E é sempre relacional. Resulta de um relacionamento com o objeto que é conhecido — quer esse seja Deus, quer seja o eu da pessoa.

O conhecimento objetivo ocorre em relação a qualquer coisa que examinemos de longe. É conhecimento independente de nós. Por exemplo, você sabe que a Terra gira ao redor do sol ou que Colombo chegou às Américas em 1492, sem experiência pessoal de nenhum deles, bastando estar disposto a aceitar o testemunho dos outros. É o que acontece com grande parte do que acreditamos.

Por outro lado, o conhecimento pessoal baseia-se na experiência. É, portanto, subjetivo. Sei que minha mulher me ama por causa de minha experiência com ela. Embora eu possa descrever o amor dela para outra pessoa, não posso dar provas dele. Não posso torná-lo objetivo. Contudo, isso não tira a validade de meu conhecimento.

Por basear-se na experiência, o conhecimento pessoal exige que estejamos abertos a ela. Conhecer o amor divino exige que recebamos o amor divino experimentalmente, não apenas como teoria. O conhecimento pessoal nunca é apenas assunto da cabeça. Como está enraizado na experiência, está fundamentado em áreas profundas do nosso ser. As coisas que conhecemos por experiência conhecemos além da crença. Esse conhecimento não é incompatível com a crença, mas não é dependente dela.

Não só acredito que minha mulher me ama, sei que ela me ama. E embora possa parecer arrogante, digo que não apenas creio em Deus, conheço Deus — com certeza não exaustivamente, mas mesmo assim, de modo genuíno.

As pessoas que nunca cultivaram um profundo conhecimento pessoal de Deus são limitadas na profundidade do conhecimento pessoal de si mesmas. Sem conhecer Deus, serão incapazes de conhecer a si mesmas, pois Deus é o único contexto em que sua existência faz sentido. Do mesmo modo, as pessoas que temem se analisar em profundidade são, já se vê, igualmente incapazes de analisar Deus em profundidade. Para essas pessoas, ideias a respeito de Deus proporcionam um substituto para a experiência direta de Deus.

Conhecer Deus e se conhecer são, portanto, interdependentes. Uma coisa não vai muito longe sem a outra. Paradoxalmente, passamos a conhecer melhor Deus não olhando exclusivamente para Deus, mas olhando para Deus e então olhando para nós mesmos — depois olhando para Deus e novamente olhando para nós mesmos. Esse é também o jeito de passarmos a nos conhecer melhor. Deus e a pessoa são mais plenamente conhecidos no relacionamento mútuo.

O CONHECIMENTO TRANSFORMACIONAL DE PEDRO

Para elucidar como isso se desenvolve, considere a experiência espiritual de Pedro. A pedra sobre a qual Cristo prometeu edificar sua Igreja estava notavelmente fragmentada. Mas nenhum dos discípulos demonstrou crescer mais que ele no entendimento de si mesmo e também de Deus durante os três anos em que acompanharam Cristo.

Vamos examinar o conhecimento interior petrino em vários pontos deste percurso. O primeiro é seu encontro inicial com Cristo e seu chamado para segui-lo. O que podemos presumir que Pedro sabia a respeito de si mesmo e de Deus a essa altura?

André, irmão de Pedro, encontrou Jesus por primeiro, aceitando imediatamente o convite para segui-lo. Então André foi até Pedro, contou-lhe ter encontrado o Messias e o levou até Jesus para que ele visse por si mesmo. A resposta de Pedro foi a mesma do irmão — largou imediatamente as redes de pesca para seguir Jesus (Mt 4,18-22). A partir desse relato parece seguro presumir que Pedro aceitou Jesus como o Messias. Sendo assim, podemos dizer que acreditou ser Jesus o libertador da opressão dos romanos, há muito tempo esperado. A essa altura esse conhecimento era uma crença — uma esperança baseada na convicção de seu irmão e em seu próprio breve contato com Jesus.

O que ele poderia conhecer sobre si mesmo? Já se vê, estou especulando, e talvez se lhe perguntássemos sobre si mesmo ele nos teria dito que era pescador. Possivelmente acrescentasse que era um tanto esquentado e impulsivo. E talvez nos revelasse seu anseio por um salvador para seu povo — e isso mostraria que ele era um homem de esperança e fé. É, porém, altamente improvável que conhecesse a intensidade de seus medos ou a magnitude de seu orgulho. Esses níveis de conhecimento de si mesmo aguardavam o conhecimento mais profundo de Deus.

Passando para seu encontro com Jesus caminhando sobre as águas (Mt 14,22-33), parece razoável presumir que agora a crença petrina de que Jesus era o Cristo era ainda mais sólida. Pedro tinha testemunhado os numerosos milagres de Jesus, tinha-o ouvido pregar para grandes multidões e dialogar com indivíduos, e tinha tido a oportunidade de observá-lo bem de perto.

Porém Pedro não estava pensando em nada disso naquela noite. Na barca, no meio de forte tempestade, Pedro e os outros discípulos preocupavam-se com sua segurança imediata. Ao ver de repente Jesus caminhando sobre a água em sua direção, ficaram assustados.

As palavras de Jesus para eles devem ter sido instantaneamente tranquilizadoras: "Coragem! Sou eu. Não tenhais medo".

Pedro imediatamente respondeu: "Senhor, se és tu mesmo, manda-me ir ao teu encontro sobre as águas".

Cristo convidou-o a sair da barca e ir até ele, e Pedro fez exatamente isso.

Se lhe perguntassem o que ele conhecia de Deus depois dessa experiência, Pedro talvez falasse de sua crescente convicção que Jesus era realmente o Cristo. Talvez também falasse de sua esperança cada vez maior baseada no testemunho dos milagres de Cristo. Talvez dissesse que se sentia tranquilizado por saber que Deus ouviu as orações de seu povo e finalmente enviou o Redentor.

Ao lhe perguntarem o que conhecia de si mesmo, agora talvez pudesse falar de seus medos. Embora tivesse a coragem de caminhar sobre as águas em obediência às ordens de Cristo, também experimentou o terror de afundar quando olhou para as ondas e não para Jesus. Mas — é provável que ele acrescentasse depressa — isso só serviu para aumentar sua confiança nele.

Passando para o lava-pés (Jo 13), vemos Pedro inicialmente recusar-se a deixar Cristo lavar-lhe os pés e, em seguida, Cristo predizer a traição de Pedro. A essa altura, o que Pedro diria de seu conhecimento de Deus e de si mesmo?

Parece provável que Pedro agora falasse com confiança sobre seu amor a Jesus, o fervor de sua crença de que Jesus era o Cristo e sobre sua total descrença e revolta ao ser predita sua negação iminente dele. Essa questão da negação deve tê-lo deixado bastante perplexo. Ele deve ter achado inconcebível que alguma vez pudesse negar Jesus. Jesus não conhecia a intensidade de seu amor? Não conhecia sua coragem heroica e a força de suas convicções? Ele deve ter presumido que Cristo estava enganado nessa predição. Duvidar de Jesus era mais fácil que duvidar de si mesmo. Ele ainda não experimentara nem seu orgulho nem a extensão de seu medo.

Ao analisar brevemente Pedro depois de sua negação de Cristo (Jo 18,15-27), é provável que o encontrássemos absorto em si mesmo, pesaroso e angustiado. De repente, ele confrontou-se com sua falta de coragem, sua traiçoeira falta de lealdade e a intensidade de seus medos. Ele poderia também pensar na facilidade com que o magoara a predição de Jesus sobre sua negação. Talvez também se lembrasse de seu protesto, "Ainda que todos caiam, eu não!" (Mc 14,29)[4]. Em suma, experimentou seu eu mais fraco e desprezível e provavelmente encheu-se de aversão por si mesmo.

Finalmente, o que dizer do conhecimento que Pedro tinha de si mesmo e de Deus no momento de seu encontro com o Cristo ressuscitado (Jo 21,15-25)? Depois da morte de Cristo, Pedro e alguns dos outros discípulos voltaram a pescar. O que mais lhes restava? Depois de uma noite em que nada apanharam, ao amanhecer viram na praia uma pessoa desconhecida, um homem que lhes perguntou sobre a pesca e os incentivou a tentar lançar a rede do outro lado da barca. Imediatamente as

---

4. Quando não mencionada outra fonte, as citações bíblicas são da *Bíblia Mensagem de Deus*. São Paulo: Loyola, ³2016 (N. da T.).

redes se encheram de peixes até transbordar. E reconheceram o Senhor. Pedro atirou-se depressa ao mar e começou a nadar para a praia.

Refletindo o padrão de suas negações, Jesus perguntou-lhe três vezes se ele o amava mais que os outros discípulos, o que deu a Pedro três oportunidades de declarar seu amor — uma para cada negação. A resposta de Jesus foi repetir a Pedro o convite para que o seguisse (Jo 21,19), precisamente o mesmo convite que iniciara seu relacionamento.

O que Pedro poderia nos dizer, a essa altura, a respeito de seu conhecimento de Deus e de si mesmo? Desconfio que primeiro diria como na verdade conhecia pouco tanto a si mesmo como a Jesus, antes dessa ocasião. A respeito de Jesus, desconfio que repetiria com espanto como Jesus foi clemente. O que antes conhecia como informação objetiva por testemunhar os encontros de Jesus com os outros, agora conhecia profunda e pessoalmente. E tenho certeza de que falaria de seu novo nível de presteza para seguir o Cristo que agora conhecia no coração, não apenas na cabeça.

Esse entrelaçamento do conhecimento intenso de si mesmo e de Deus que vimos na experiência petrina elucida o jeito em que ocorre o conhecimento genuíno de Deus e de nós mesmos. Pedro não poderia conhecer verdadeiramente Jesus sem o conhecimento de si mesmo em relação a Jesus. Só conheceu a si mesmo quando Jesus lhe mostrou quem ele era; e, ao aprender sobre si mesmo, também veio a conhecer verdadeiramente Jesus.

O conhecimento profundo de Deus e o conhecimento profundo de si mesmo sempre se desenvolvem interativamente. O resultado é a transformação autêntica do eu que está no âmago da espiritualidade cristã.

O CONVITE DIVINO

O que você aprendeu sobre si mesmo como resultado da experiência com Deus? E o que sabe sobre Deus como resultado do encontro genuíno com você mesmo?

A primeira coisa que muitos cristãos afirmariam saber sobre si mesmos como resultado do relacionamento com Deus é sua pecaminosidade. E, muito possivelmente, a primeira coisa que diriam ter aprendido sobre Deus foi o perdão e o amor divinos. São coisas importantes de saber e terei mais a dizer sobre elas nos próximos capítulos. Mas o que mais você sabe sobre si mesmo e Deus que surgiu de seu encontro com o Divino?

Embora muitos de nós sigamos Jesus por muito mais tempo do que os três anos que observamos no itinerário petrino inicial, com demasiada frequência não permitimos que a apresentação inicial se intensifique em um profundo conhecimento íntimo. Embora falemos com desembaraço sobre o relacionamento pessoal com Deus, muitos de nós têm um menor conhecimento de Deus do que de nossos conhecidos casuais. Com demasiada facilidade nos conformamos em saber *sobre* Deus. Com demasiada facilidade nosso verdadeiro relacionamento com Deus é notavelmente superficial. Então, é mesmo de admirar que não aprendamos muito sobre nosso eu como resultado?

Se essa é sua experiência, não se deixe tomar pela culpa. Entenda o chamado divino a um encontro pessoal profundo como um convite, não uma repreensão. É um convite para sair da segurança de sua barca e encontrar Jesus na vulnerabilidade e no caos de suas tempestades interiores. É um convite para avançar além do conhecimento objetivo e chegar ao conhecimento pessoal. É um convite para conhecer verdadeiramente Deus.

dois

Conhecer Deus

É fácil ser desleal ao falar de conhecer Deus. Quase sempre nossa conversa cheia de lugares-comuns sobre Deus não tem contato com nossa experiência real.

Tenho esperança de que minha amizade com Vicki me ajude a evitar isso. Em minha imaginação, ela está sentada ao meu lado enquanto escrevo este capítulo, lendo por cima de meu ombro.

Mais do que qualquer coisa no mundo, Vicki quer conhecer Deus. Esse tem sido seu anseio mais profundo em mais de uma década seguindo Cristo. É um anseio tão profundo que ela se recusa a aceitar qualquer substituto — em especial as mentiras que sabe que poderiam facilmente escapar-lhe da boca se ela usasse a linguagem de "relacionamento pessoal com Deus" aplicada à sua experiência. Sente-se muito só e teme ter deixado de fazer algo certo ou ser, de alguma forma profunda, imperfeita e incapaz de experimentar Deus. Apesar disso está bem menos sozinha do que sente. É apenas mais sincera. E seu anseio pela intimidade com Deus é mais ardente.

J. I. Packer sugere que conhecer se torna cada vez mais complexo à medida que passamos de conhecer objetos a conhecer pessoas, e de conhecer pessoas a conhecer Deus: "Quanto mais complexo é o objeto, mais complexo é o conhecimento dele"[1]. Assim, já que conhecer genuinamente outro ser humano é em si uma tarefa difícil, conhecer o Deus invisível pode parecer completamente impossível. Seria impossível se não fosse o fato de ser algo que Deus deseja mais profundamente do que poderíamos desejar.

É muito impressionante que Deus queira ser conhecido pelos seres humanos, mas nada dá mais prazer a Deus (Os 6,6). A revelação é fundamental para o caráter divino. Deus anseia revelar-se a nós.

Revelação não é simplesmente alguma coisa que aconteceu em um momento distante no passado. Se fosse, tudo que poderíamos esperar seria a informação desse evento histórico. "Assim como Deus nunca deixou de ser revelação, também nunca deixou de ser amor"[2]. A boa-nova é que Deus pode ser conhecido pelos seres humanos, pessoal e experimentalmente. Esta é a essência da vida eterna (Jo 17,3). No mundo todo nada há que valha mais (Fl 3,7-10).

E o que é esse conhecimento de Deus que é de supremo valor, que dá a Deus tamanho prazer e nos dá vida genuína e eterna? É conhecimento pessoal — conhecimento que começa com crença, mas se aprofunda pelo relacionamento.

Muito daquilo que conhecemos sobre Deus conhecemos objetivamente, aceitando como fato pelo testemunho confiável das Escrituras e da comunidade de fé. Tudo isso fundamenta nosso conhecimento mais pessoal, servindo de âncora em tempos de dúvida e de estrutura de referência para entendermos nossa experiência. A experiência aprimora esse alicerce de

---

1. Packer, J. I., *Knowing God*, ed. de 20º aniversário. Downers Grove, IL: InterVarsity Press, 1993, 35.
2. Évely, Louis, *That Man is You*. New York: Paulist, 1964, 15-16.

crenças, mas nunca o substitui. A intenção divina é que conheçamos o amor divino experimentando-o. Mesmo quando nosso Amado Divino parece distante, podemos nutrir a esperança na natureza inabalável de seu amor por causa da confirmação das Escrituras e do testemunho dos outros.

Por mais valioso que seja esse conhecimento objetivo, Packer nos lembra que mesmo "um pouco de conhecimento *de* Deus vale mais que muito conhecimento *sobre* ele"[3]. O conhecimento transformacional de Deus vem do conhecimento pessoal, íntimo, do amor divino. Por ser amor, Deus só é conhecido por meio do amor. Conhecer Deus é amá-lo (1Jo 4,7-8). O Deus cristão só é conhecido na devoção, não no desapego objetivo. É por isso que a prece paulina é para que possamos conhecer o amor de Cristo e assim ser repletos de toda a plenitude de Deus (Ef 3,19). Isso é conhecimento transformacional.

Conhecer Deus também exige entrega. Thomas Merton escreve que "devemos conhecer a verdade, amar a verdade que conhecemos e agir conforme a medida de nosso amor. A verdade é o próprio Deus que não pode ser conhecido a não ser pelo amor, e não pode ser amado a não ser pela entrega à sua vontade"[4]. O conhecimento genuíno exige uma resposta. Conhecer Deus exige que desejemos ser tocados pelo amor divino. Ser tocado pelo amor divino é encontrar o lar de nossa alma — o lugar e a identidade pelos quais ansiamos com toda nossa força.

CONHECER JESUS

Se o Deus invisível jamais se tornasse visível, nosso conhecimento de Deus permaneceria muito limitado; mas a re-

---
3. Packer, *Knowing God*, 27.
4. Merton, Thomas, *The Ascent to Truth*. New York: Harcourt Brace, 1981, 8.

velação divina de si mesmo completou-se em Jesus. Portanto, conhecer Jesus é conhecer Deus (Jo 14,9). Jesus é a "imagem do Deus invisível" (Cl 1,15), é o filtro pelo qual precisamos passar todas as nossas ideias sobre Deus enquanto procuramos mudar do conhecimento sobre Deus para o encontro pessoal com Deus em Jesus.

Alguns cristãos falam de um encontro pessoal com Jesus como se isso fosse assunto do passado — algo que acontece na conversão. É a trágica confusão entre apresentação e relacionamento. Um primeiro encontro é só isso — um primeiro encontro. O que Deus almeja que experimentemos é o conhecimento íntimo que resulta de um relacionamento constante.

Pense de novo em Pedro para ver como o relacionamento com Jesus melhora o conhecimento de Deus. Como judeu palestino do século I, Pedro devia conhecer muitas coisas sobre Deus antes do encontro com Jesus. A base desse conhecimento era fazer parte de uma comunidade de fiéis que sempre compartilhavam narrativas sobre as fortes relações divinas com eles na história. Ele devia saber, por exemplo, que Deus era o Criador de todas as coisas. Devia também saber que Deus libertou seus antepassados da escravidão no Egito, e que o Deus de Abraão, Isaac e Jacó era um Deus santo.

Esse conhecimento objetivo se expandiu dramaticamente quando Pedro veio a conhecer Jesus. Suas duas epístolas estão cheias de conhecimento pessoal de Deus que resultou dos três anos de sua vida passados com Jesus. Esse conhecimento baseado no relacionamento apresentou Pedro a um Deus que ele jamais conheceria se não fosse por Jesus. Considere só algumas das coisas que ele aprendeu, encontradas em sua primeira epístola:

- Deus é fonte de vida nova e esperança viva baseada no Cristo ressuscitado (1Pd 1,3)

- Deus é fonte de uma fé mais preciosa que o ouro (1Pd 1,7)
- Deus é fonte de alegria inefável (1Pd 1,8)
- Deus julga com justiça e imparcialidade (1Pd 1,17)
- Deus nos permite compartilhar os sofrimentos de Cristo como meio de conhecer Jesus pela identificação (1Pd 4,12-13)
- Deus é fiel, e cremos que ele pratica o bem (1Pd 4,19)
- Deus opõe-se ao orgulhoso, mas dá graça ao humilde (1Pd 5,6)

Ler as epístolas petrinas faz-me pensar se esse é o mesmo pescador impetuoso que encontramos nos Evangelhos! Alguma coisa dramática lhe aconteceu. O conhecimento de Deus e também de si mesmo sofreu mudança radical porque ele veio a conhecer Jesus.

Os relacionamentos evoluem quando as pessoas passam tempo juntas. Passar algum tempo com Deus deveria ser a essência da oração. Entretanto, como é geralmente praticada, a oração parece mais uma série de e-mails ou mensagens instantâneas do que algum tempo que se passa juntos. Não raro envolve mais falar que escutar. Não nos surpreende que o resultado seja um relacionamento superficial.

O ponto de partida para aprender a simplesmente passar tempo com Deus é aprender a fazer isso com Jesus. Passar tempo com Jesus nos permite fundamentar nosso conhecimento de Deus nos eventos concretos de uma vida concreta. E como fazemos isso de fato? Por meio da meditação sobre os Evangelhos guiada pelo Espírito.

Encontrar Jesus nos Evangelhos

A meditação evangélica proporciona uma oportunidade de tomar parte em momentos específicos da vida de Jesus, e desse modo compartilhar sua experiência. A experiência compartilhada é o centro de toda amizade. E a meditação sobre a vida de Jesus guiada pelo Espírito proporciona essa possibilidade.

A meditação que recomendo não é a mesma coisa que o estudo bíblico. É mais um exercício da imaginação que do intelecto. Inclui permitir que o Espírito de Deus o ajude a imaginar que participa de um acontecimento da vida de Cristo conforme apresentada nos Evangelhos.

Deixe-me esclarecer o que quero dizer com isso sugerindo um exercício baseado no relato marcano de Jesus e o homem rico.

Primeiro, reserve um momento para aquietar-se na presença divina. Feche os olhos e peça a Deus que tome as palavras da Escritura e, pelo poder do Espírito, faça com que sejam a Palavra divina para você. Peça o dom de alguns momentos de encontro imaginativo com Jesus guiado pelo Espírito. Então leia devagar várias vezes o relato a seguir preferivelmente em voz alta.

> Jesus estava saindo para uma viagem, quando chegou um homem que se ajoelhou diante dele e perguntou: "Bom Mestre, que devo fazer para conseguir a vida eterna?" Jesus lhe respondeu: "Por que me chamas de bom? Ninguém é bom senão Deus. Conheceis os mandamentos: Não mates, não cometas adultério, não furtes, não levantes falsas acusações, não prejudiques a ninguém, honra teu pai e tua mãe".
>
> Ele então lhe disse: "Mestre, tenho observado tudo isso desde minha adolescência". Jesus olhou para ele atentamente e sentiu afeto por ele. Por isso lhe declarou: "Uma coisa te falta: vai, vende tudo quanto tens e dá aos pobres, e, então, terás um tesouro no céu. Depois vem e segue-me". Mas, a esta palavra, seu rosto ficou sombrio. E retirou-se triste, porque tinha muitos bens. (Mc 10,17-22)

Agora deixe-se devanear na situação apresentada na narrativa. Primeiro imagine o homem aproximando-se enquanto Jesus sai para uma viagem. Então, como se você fosse um espectador, observe os acontecimentos à medida que se desenrolam. Observe, escute e fique atento a Cristo. Não se distraia com o jovem soberano rico. E não tente analisar a narrativa nem aprender lições com ela. Largue o livro e passe quatro ou cinco minutos tentando fazer este exercício simples.

※

Só comecei a meditar regularmente sobre a vida de Cristo desse modo nos últimos anos. Depois de décadas de leitura bíblica, percebi que meu relacionamento com Deus baseava-se mais no que eu acreditava do que naquilo que eu experimentava. Tinha muitas informações sobre Deus, mas ansiava aprofundar meu conhecimento pessoal. Conseguir conhecer melhor Jesus parecia o ponto certo para começar. E era.

Contudo, o percurso não tem sido fácil. Tenho dificuldade em visualizar as coisas e minha imaginação é — quando muito — bastante limitada. Muitas vezes descubro que os detalhes de minha imagem mental de uma cena são exclusivamente aquelas sugeridas no relato bíblico. Parece que tenho dificuldade para deixar o Espírito enriquecer a imagem acrescentando outros detalhes sensoriais do jeito que ele faz com os outros. No entanto, depois que me livro da frustração e da sensação de fracasso, percebo que simplesmente ponderar no acontecimento — deixar-me devanear nele — é partilhar com Jesus as experiências dele. Devagar, estou de fato passando para um novo nível de conhecimento pessoal de Jesus.

Além disso, enfrento a experiência inevitável de me distrair. Talvez você também tenha experimentado isso quando tentou o breve exercício de meditação acima. Nesse caso, não se preocupe. Divagações são inevitáveis. Assim que percebê-las, volte simplesmente a atenção para a meditação. Desvios de pensamento refletem o jeito com que Deus fez nosso cérebro seguir caminhos de associações, por isso não se deixe perturbar quando isso ocorrer.

Outra luta para mim era a sensação de que a meditação era perda de tempo. Eu queria julgá-la pelo que recebia dela. Quando eu fazia isso, ela quase sempre parecia uma prática espiritual tremendamente ineficiente. Só que produtividade e eficiência não são o alvo. O que Deus quer é apenas nossa presença, mesmo que pareça uma perda de tempo potencialmente produtivo. É o que amigos fazem juntos — perdem tempo uns com os outros. Simplesmente estar juntos basta, sem esperar "ganhar alguma coisa" com o contato. Com Deus não deveria ser diferente.

Passar algum tempo com Jesus em meditação evangélica começou a fornecer mais informação sobre o Deus que eu procuro conhecer há tantos anos. Quando Jesus começou a ser mais humano e real para mim, o Deus invisível de quem ele é a imagem tornou-se mais acessível. Jesus reconcilia os céus e a terra, o humano e o divino. Se ele é tão divino que não conseguimos encontrá-lo em sua humanidade, Deus permanece completamente Outro, mas em Jesus, Deus está presente. É essa a verdade do Emanuel — Deus conosco.

Se procuramos fundamentar nosso conhecimento de Deus nos Evangelhos, nada substitui a meditação sobre a vida de Jesus. Escutar sermões e ler a Bíblia proporcionam informações sobre Jesus, mas isso não é a mesma coisa que um encontro pessoal com ele nos acontecimentos de sua vida. A meditação deve fazer parte da vida de oração de todo cristão que busca com seriedade conhecer genuinamente Deus. Depois que aprendemos a usá-los dessa maneira, os Evangelhos proporcionam oportunidades maravilhosamente produtivas de encontrar Jesus.

A meditação evangélica consiste em contemplar Cristo. Quando Jesus comparou-se com a serpente de bronze que Deus disse a Moisés que fizesse para os filhos de Israel contemplarem quando estivessem morrendo de mordidas de cobra (Jo 3,14-15), uma das coisas que ele quis dizer é que contemplar Cristo com confiança e devoção permite ao Espírito de Deus tomar sua vida e fazê-la nossa[5]. Deus nos deu Jesus como a Imagem Divina para podermos contemplá-lo, e desse modo vir a conhecer Deus. É por isso que a meditação evangélica tem tanto poder transformador.

Encontrar Deus nos acontecimentos da vida

Um segundo recurso extremamente valioso para passar algum tempo com Deus é o discernimento da Presença Divina na experiência cotidiana. A vida, como Carolyn Gratton observa, não para de acontecer[6]. Mudar situações de vida — algumas desejáveis e outras definitivamente menos desejáveis — proporciona oportunidades importantes para conhecer melhor a Deus e também a nós mesmos. Todas nos dão uma chance de examinar onde Deus está nessa experiência e que dons Deus oferece para nosso crescimento.

Esse segundo modo de conhecer Deus não é tão diferente do primeiro como pode parecer. Os dois envolvem encontrar Deus nas circunstâncias concretas da vida. Portanto, os dois

---

5. Agradeço ao cônego Gray Temple por sugerir essa interpretação no sermão na Igreja Episcopal de São Patrício em Atlanta, em 30 de março de 2003.

6. Gratton, Carolyn, *The Art of Spiritual Guidance*. New York: Crossroad, 2000, 40.

apoiam o desenvolvimento de uma espiritualidade prática, realista, na qual encontramos Deus nas funções mundanas e familiares da vida habitual. Paul Stevens descreve essa espiritualidade: "Se Deus veio na carne, e se Deus continua a vir a nós em nossa existência carnal, então tudo na vida está carregado de sentido. A terra está abarrotada de céu, e o céu (quando finalmente chegarmos lá) estará abarrotado de terra. Nada desperdiçado. Nada perdido. Nada secular. Nada absurdo [...]. Tudo serve para uma espiritualidade realista"[7].

O Deus onipresente que tem o nome de Emanuel não está distante, mas sim mais perto de nós do que imaginamos. Deus não está alheio às circunstâncias de nossa vida, mas nelas vem a nós. Nosso desafio é descobrir o Divino no natural e nomear a presença de Deus em nossas vidas[8].

Uma amiga escreveu-me há pouco tempo, falando-me de seu desespero e profunda tristeza em face do sofrimento de muita gente em seu país. "Mas", disse ela, "ouso ter esperança de que mesmo neste desespero eu encontre o Senhor que chora comigo por aqueles cuja dor é tão inimaginável e para os quais a esperança é tão perigosa". Ela estava certa. Deus está em sua experiência de desespero, esperando que ela identifique a Presença Divina e oferecendo isso como acompanhamento no caminho sempre difícil de sermos humanos.

É relativamente fácil encontrar Deus em momentos de alegria ou satisfação. Nessas situações corretamente nos consideramos abençoados por Deus. O desafio é acreditar que isso

---

7. Stevens, R. Paul, *Down-to-Earth Spirituality. Encountering God in the Ordinary, Boring Stuff of Life*. Downers Grove, IL: InterVarsity Press, 2003, 184.

8. Johnson, Ben descreve isso como importante dimensão do papel do diretor espiritual, pois quase sempre precisamos da ajuda de outrem para essa descoberta da presença do divino. Tiro essa ideia de seu capítulo "Direção espiritual na tradição reformada", in: *Spiritual Direction and the Care of Souls*, org. Gary Moon & David Benner. Downers Grove, IL: InterVarsity Press, 2004.

também é verdade — e conhecer a presença divina — em meio a dúvidas, depressão, ansiedade, conflito e fracasso. O Deus que é Emanuel está naqueles momentos que jamais escolheríamos e igualmente naqueles que sempre escolheríamos alegremente.

Richard Rohr nos lembra que "não alcançamos a presença de Deus. Já estamos totalmente na presença dele. O que falta é percepção"[9]. Esse é o centro do percurso espiritual — aprender a discernir a presença de Deus para ver o que realmente existe. Entretanto nada é mais perigoso que presumir que já vemos quando *não* vemos.

A verdade é que Deus se encontra em todas as coisas — até de maneira muito especial nas coisas dolorosas, trágicas e desagradáveis. Jesus era o Salvador sofredor que conheceu toda tentação e experiência humana negativa que jamais poderíamos conhecer. O coração divino contém toda emoção humana concebível; ele nos contém não importa o que experimentemos. O Deus cristão onipresente, cuja companhia não pode ser evadida com a ida para o inferno, as profundezas do mar ou as alturas dos céus (Sl 138,7-12), é um Deus que está presente para nós em todos os momentos de nossa vida.

Muitos de nós aprendemos a discernir a presença divina procurando-a primeiro no espelho retrovisor. É o valor de uma revisão orante do dia — uma coisa que alhures descrevi como exame cotidiano[10]. Lucinda descreveu sua primeira experiência disso como se segue:

Depois de sentar-me em minha cadeira favorita e pedir a Deus que me ajudasse a revisar o dia, logo pensei em um encontro problemá-

---

9. Rohr, Richard, *Everything Belongs. The Gift of Contemplative Prayer*. New York: Crossroad, 1999, 28.
10. Benner, David G., *Sacred Companions. The Gift of Spiritual Friendship and Direction*. Downers Grove, IL: InterVarsity Press, 2002, 113-115.

tico com uma colega naquela manhã. Ela pôs a cabeça na porta da minha sala e perguntou sobre a visita que sabia que fiz aos meus pais no fim de semana. Embora eu converse com ela quase todo dia, nunca havia falado de minha família e de repente me vi envergonhada por fazer isso. Nada havia de vergonhoso para dizer, mas estranhamente, senti desejo de me esconder. Acabei rapidamente com a conversa e não tinha pensado mais no assunto até aquele momento.

Pedir a Jesus para me ajudar a refletir sobre isso foi assustador. Eu não tinha certeza se queria conhecer esses sentimentos. Eles pareciam bem familiares — sempre evitados, mas à espreita nas margens de minha experiência. Eu disse a Deus que queria encará-los com a ajuda dele. Lembrei-me de outras vezes em que senti algo parecido. Antes eu sempre fugia desse sentimento o mais depressa possível. Desta vez jurei ficar com ele se Deus me ajudasse. Ainda não tenho certeza se sei de onde vem esse sentimento ou o que ele significa. Só reflito em um acontecimento por dia. Mas sinto que dei um passo importante.

Respondi a Lucinda e perguntei-lhe se com essa experiência aprendera alguma coisa sobre Deus. Ela respondeu:

Estar sentada com minha vergonha na presença divina ajudou-me a ver que Deus não estava chocado com isso. De fato, ele parecia saber tudo a respeito. E ainda me aceitava! Percebi que fosse qual fosse a razão da vergonha, não precisava esconder-me, porque Deus já a conhecia. Partilhá-la com Deus permitiu-me experimentar seu amor por uma parte frágil e vulnerável de mim.

A experiência de Lucinda demonstra como o conhecimento de Deus e o conhecimento de si mesmo andam de mãos dadas. O conhecimento transformacional de Deus vem de encontrá-lo em nossas profundezas, não na abstração de proposições teológicas empoeiradas.

O objetivo de uma revisão orante de experiências de vida recentes não é a autoanálise. A ideia não é descascar o abacaxi e encontrar algum problema ou sentido. Ao contrário, o objetivo é apenas a crescente percepção de Deus nos acontecimentos da vida e nas profundezas do meu ser. É prestar atenção ao Deus que está presente. Em geral perguntas com "o quê?" (tais como: o que eu estava sentindo? O que me perturbou naquele comentário? O que exatamente me deixou ansioso?) são melhores que perguntas com "por quê?" (por que me senti ameaçado? Por que aquilo me aborreceu?). E evite fazer exigências para si mesmo ou para Deus. Aceite simplesmente o que quer que resulte de cada experiência, cada dia.

Preparado para um conhecimento mais profundo de Deus?

Se a ideia de meditação e revisão orante evangélicas desperta interesse em você, considere dedicar-se quinze minutos ao fim do dia pela próxima semana a fazer o seguinte:

1. Primeiro, tome seu diário (ou alguma coisa em que possa escrever) e procure um lugar sossegado para se sentar sem ser perturbado.
2. Selecione o relato evangélico de um acontecimento da vida de Cristo. Depois de breve oração pedindo a Deus que lhe permita iniciar imaginativamente essa experiência e encontrar Jesus, passe cinco minutos divagando sobre a passagem.
3. Depois de agradecer a Deus a dádiva do tempo passado com Jesus, peça ajuda para refletir sobre seu dia a fim de discernir melhor a Presença Divina durante esse tempo.
4. Deixe os acontecimentos do dia se reprisarem diante de você. Aceite como dádiva de Deus seja o que for que entre

em foco, por mais trivial que inicialmente pareça ser. Peça ajuda para discernir a Presença Divina na experiência.
5. Termine o tempo agradecendo a Deus pelos dons recebidos durante esse processo.

Não existe uma fórmula simples para o conhecimento profundo de Deus. Vicki — que em minha imaginação está sentada ao meu lado enquanto escrevo este capítulo — aprendeu a evitar qualquer coisa ou qualquer pessoa que sugira o contrário. Você deve fazer o mesmo.

Este capítulo nem mesmo começa a esgotar todos os meios pelos quais você pode vir a conhecer Deus, mas a reflexão sincera e orante sobre os Evangelhos e a experiência cotidiana proporcionam uma ótima oportunidade para encontrar Deus de maneiras que vão fazer você mudar. E, como vimos, também lhe permitem encontrar a si mesmo em lugares mais profundos.

três

Primeiros passos para você conhecer a si mesmo

Embora falemos que certas pessoas se fizeram por si mesmas, ninguém é verdadeiramente criação de si mesmo. A personalidade não é uma conquista; é um dom. Como veremos no capítulo seis, nosso verdadeiro eu — a pessoa que nos tornamos em Deus — é algo que recebemos de Deus. Qualquer outra identidade é de nossa autoria e é uma ilusão.

O conhecimento de nós mesmos deve, portanto, começar pelo conhecimento do eu conhecido por Deus. Se Deus não nos conhece, não existimos. E como Merton observou (com muita ironia), "ser desconhecido por Deus é, no geral, ter privacidade demais"[1]!

A possibilidade de você conhecer a si mesmo é fundamentada no fato de seu eu já ser conhecido por Deus. Da mesma forma, a possibilidade de você conhecer Deus baseia-se no fato de Deus já o conhecer. J. I. Packer capta corretamente a prioridade em todo esse conhecimento: "O que tem suma impor-

---

1. Merton, Thomas, *New Seeds of Contemplation*. New York: New Directions, 1961, 34.

tância, portanto, não é em última análise o fato de eu conhecer Deus, mas o fato maior que inspira esse fato — *ele me conhece*[2]. Estamos gravados nas palmas das mãos divinas e nunca estamos fora de sua mente. Todo o nosso conhecimento de Deus depende da prolongada iniciativa divina de nos conhecer. Conhecemos Deus porque Deus nos conheceu primeiro e continua a nos conhecer.

O autoconhecimento genuíno começa quando olhamos para Deus e observamos como Deus olha para nós. Basear o conhecimento de nosso eu no conhecimento que Deus tem de nós nos ancora na realidade. Também nos ancora em Deus.

SABER QUE VOCÊ É PROFUNDAMENTE AMADO

A pergunta é: o que Deus sente por você? Qual é o conhecimento que Deus tem de você?

Uma jovem contou-me que sente medo porque tem certeza que Deus está irritado com ela. Ela acha que Deus está preocupado com seus pecados e defeitos e a vê com raiva e reprovação. Será que está certa?

Também penso em um amigo que já não acredita que Deus tem interesse pessoal nos seres humanos. Como uma entre bilhões de pessoas na face da Terra, desconfia que ele e o restante de nós não estejamos registrados como indivíduos na consciência divina. Ele me diz que gostaria de crer que Deus o ama, mas não está persuadido que isso seja possível. Será que ele está certo?

Estou convencido de que Deus ama todos nós com compreensão, persistência e intensidade além da imaginação. Deus não gosta simplesmente de você. Nem simplesmente tem sen-

---

2. Packer, J. I., *Knowing God*, ed. de 20º aniversário. Downers Grove, IL: InterVarsity Press, 1993, 41.

timentos calorosos por você só porque você foi criado à imagem divina. A verdade é que Deus o ama com o que Hannah Hurnard chama de "profundo interesse apaixonado"[3]. Deus não consegue evitar vê-lo com olhos de amor.

Ainda mais notável, o amor divino por você nada tem a ver com o jeito de você se comportar. Sua fidelidade ou infidelidade não alteram nem um pouco o amor divino. Como o amor paterno na parábola do filho pródigo, o amor divino é totalmente incondicional, ilimitado e inimaginavelmente extravagante.

Os cristãos afirmam uma base de identidade que é totalmente única no mercado de espiritualidades. Quer percebamos, quer não, nossa existência fundamenta-se no amor divino. O amor generativo de Deus foi nossa origem. O amor acolhedor de Deus sustenta nossa existência. O amor inextinguível de Deus é a única esperança para nossa realização. O amor é nossa identidade e nossa vocação, pois somos filhos do Amor. Criada a partir do amor, por amor e para o amor, nossa existência não faz sentido separada do amor divino.

Nem o conhecimento de Deus nem o conhecimento de nós mesmos progridem a menos que comecem com o conhecimento da profundidade com que Deus nos ama. Até ousarmos crer que *nada* pode nos separar do amor divino — nada que possamos fazer ou deixar de fazer, nem nada que possa ser feito por outrem para nós (Rm 8,31-39) —, permaneceremos nas primeiras séries do ensino fundamental da escola da transformação espiritual cristã[4].

---

3. Hurnard, Hannah, *Kingdom of Love*. Carol Stream, IL: Tyndale House, 1981, 48.

4. Este tema é tratado muito mais amplamente em meu livro *Surrender to Love*. Downers Grove, IL: InterVarsity Press, 2003. (Trad. bras.: *A entrega total ao Amor*. São Paulo: Loyola, 2006. [N. da T.])

Para nosso conhecimento de Deus ser verdadeiramente transformacional, ele precisa ser a base de nossa identidade. Nossa identidade é quem experimentamos ser — o eu que cada um carrega dentro de si. Uma identidade baseada em Deus significa que quando pensamos em quem somos, a primeira coisa que vem à mente é nossa condição de alguém que é profundamente amado por Deus.

Com tristeza confesso que isso raramente é verdade para mim. Embora eu sempre queira evitar ser definido por minha profissão quando convidado a me apresentar, é provável que eu recorra à prática social comum de ficar repetindo designações vocacionais. Ainda mais revelador, se minha autoestima é ameaçada e sinto que minha identidade está um pouco vulnerável, minha primeira reação quase automática é pensar em habilidades ou projetos presentes e futuros. O que isso me diz é que, muito mais do que quero admitir, minha identidade baseia-se no que faço, não em quem sou.

Cristo apresenta um contraste muito comovente para isso. Sua identidade definiu-se por seu relacionamento com o Pai. Era quem ele era. Toda a sua vida fluía disso. O que ele fazia não era a base de sua identidade, mas indicava quem ele era: "Mas tenho um testemunho maior que o de João: as obras que o Pai me deu para cumprir. Essas obras eu as faço e dão o testemunho de que o Pai me enviou" (Jo 5,36).

No batismo, Jesus ouviu uma declaração divina de amor por ele como o Filho no qual Deus encontrava toda a sua afeição (Mt 3,17). Parece que Jesus jamais duvidou disso. Seu relacionamento com o Pai era a base de como ele experimentava e entendia a si mesmo. Ele era um com o Pai, em amor — Deus estava nele e ele estava em Deus (Jo 14,11). Nada era mais certo para ele do que o amor do Pai, um amor que, como ele sabia, existia antes da criação do mundo (Jo 17,24). Fazer a vontade do Pai tinha origem nesse relacionamento de amor que era a base de sua identidade.

Mesmo quando Jesus sentiu que Deus o tinha abandonado no Jardim do Getsêmani, sua confiança no amor do Pai era tão grande que ele ainda desejava fazer a vontade de Deus, não a sua. Jesus sabia que era amado quer ele *sentisse* isso ou não. Sua identidade fundamentava-se em Deus.

Se você se vir pensando: *É claro que Deus ama Jesus. Afinal de contas, ele era Jesus*, talvez valha a pena lembrar que a Bíblia está cheia de outros exemplos da forma como conhecer o amor divino transforma a pessoa. Por exemplo, a samaritana que encontrou Jesus ao lado do poço (Jo 4,7-30), acostumada a ser rejeitada pelos judeus, ficou atônita com o modo de Jesus tratá-la. O fato de se aproximar dela em vez de evitá-la, conversar com ela e até lhe pedir alguma coisa, deve tê-la surpreendido bastante. Ainda assim, depois que ele pôs o dedo no fracasso moral dela, o que era esperado não aconteceu. Ele não a condenou! Nem mesmo disse-lhe para ir e não pecar mais. Ao contrário, depois de revelá-la a ela mesma, ele se revelou a ela, divulgando sua identidade como o Messias.

Como aconteceu para essa mulher, a revelação geralmente começa com Deus nos revelando a nós mesmos. Só então Deus nos revela a pessoa divina.

Tocada pelo amor perfeito, aquela mulher nunca voltaria a ser a mesma. Ela encontrou o Senhor.

Vir a conhecê-lo e confiar no amor divino é um processo de toda a vida. Tornar esse conhecimento a base de nossa identidade — ou melhor, permitir que nossa identidade seja reformulada em torno desse fato muito básico de nossa existência — também nunca acontece instantaneamente. Ambos estão no centro da transformação espiritual que é o resultado pretendido do seguimento de Cristo.

Toda vez que ouso encontrar-me com Deus na vulnerabilidade de meu pecado e minha vergonha, esse conhecimento se fortalece. Toda vez que regrido para um modo de autoaperfeiçoamento e tento levar a Deus meu melhor eu, esse se enfraquece. Só conheço o amor divino incondicional, radical e incontido por mim quando ouso me aproximar de Deus exatamente como sou. Quanto mais tenho coragem de encontrar Deus nesse ponto de fraqueza, mais sei que sou real e profundamente amado por Deus. E quanto mais profundamente conheço esse amor, mais fácil é confiar nele como Cristo confiou — preferindo a vontade de Deus à minha.

Coloque o livro de lado por um momento e reflita sobre seu conhecimento do amor divino. Quanto desse conhecimento forma a base de sua identidade? De que maneiras você experimenta o amor divino? E como sabe que ele é verdadeiro, mesmo quando não o experimenta?

Se não gosta de suas respostas a essas perguntas — ou se se sente empacado neste aspecto do percurso —, diga a Deus o quanto você anseia conhecer o amor perfeito. Reze para que Deus o conduza até alguém com quem você partilhe esse desejo, alguém com a maturidade espiritual para caminhar com você enquanto você procura conhecer experimentalmente o amor divino.

Mover da cabeça para o coração verdades como "Deus me ama" é sempre difícil. É possível, mas só se caminharmos com outras pessoas. O Deus que é comunidade divina só é conhecido em comunidade humana. Exatamente como o conhecimento profundo de nós mesmos, o conhecimento profundo do amor perfeito exige estarmos em relacionamentos de amizade espiritual[5]. Ninguém deve jamais querer fazer o percurso sozinho. E o conhecimento de si mesmo e de Deus descrito nestas páginas depende de ser acompanhado pelos outros em nosso itinerário para o coração de Deus.

CONHECER AS PARTES IGNORADAS DE SUA PERSONALIDADE

O conhecimento genuinamente transformacional de si mesmo sempre envolve encontrar e aceitar partes antes indesejáveis de si mesmo. Embora nos inclinemos a pensar em nós mesmos como uma única pessoa unificada, o que chamamos de "eu" é na verdade uma família de muitas partes. Isso por si só não é um problema digno de nota. O problema está no fato de muitas dessas partes serem desconhecidas para nós. Embora em geral sejam conhecidas pelos outros, permanecemos em total ignorância da existência delas.

Dizer que somos uma família de muitas personalidades não é o mesmo que dizer que desempenhamos papéis diferentes. Muitos de nós sabemos o que é ser amigo, empregado, membro da Igreja, e possivelmente pai, mãe ou cônjuge. Cada um desses papéis é diferente e muitos de nós nos movimentamos entre eles sem esforço. O problema não é esse.

O problema é que há aspectos importantes de nossa experiência ignorados por nós. Como a mulher mencionada no capítulo dois, muitos de nós nos recusamos a encarar nossos sentimentos de vergonha – eles fazem com que nos sintamos vulneráveis. Assim, fingimos que eles não existem e esperamos que desapareçam. Ou talvez seja nosso eu partido e machuca-

---

5. Benner, David G., *Sacred Companions. The Gift of Spiritual Friendship and Direction*. Downers Grove, IL: InterVarsity Press, 2002, discute mais a importância do acompanhamento espiritual e meios para fazê-lo acontecer.

do que tentamos negar. Entretanto, quando você faz isso, essas partes indesejadas de você mesmo não desaparecem. Apenas se escondem.

Se, por exemplo, só conheço minha personalidade forte e competente e nunca sou capaz de aceitar minha personalidade fraca ou insegura, sou forçado a viver uma mentira. Preciso fingir que *sou* forte e competente, não apenas que *tenho* partes fortes e competentes ou que sob certas circunstâncias *posso ser* forte e competente. Do mesmo modo, se me recuso a encarar minha personalidade enganadora, vivo uma ilusão a respeito de minha integridade. Ou se reluto em reconhecer minha personalidade arrogante, vivo a ilusão de falsa modéstia.

Há um mérito enorme em especificar e vir a conhecer essas partes excluídas da personalidade. Minha personalidade brincalhona, cautelosa, exibicionista, agradável, competitiva e muitas outras faces de minha personalidade são todas partes de mim, quer eu reconheça ou não suas presenças. O forte condicionamento na infância nos incentiva a reconhecer só as partes mais aceitáveis de nossa personalidade. E partes da personalidade que não ganham um lugar à mesa da família tornam-se mais fortes, não mais fracas. Agindo longe da vista e fora do entendimento, elas têm influência crescente em nosso comportamento.

A espiritualidade cristã envolve reconhecer todas as partes de nossa personalidade, expondo-as ao amor de Deus e deixando-o combiná-las na nova pessoa que ele está formando. Para fazer isso, precisamos estar dispostos a acolher essas partes ignoradas como membros plenos da família de nossa própria pessoa, dando-lhes espaço na mesa da família e devagar permitindo que sejam suavizadas, curadas pelo amor e que se integrem à pessoa completa em que nos transformamos.

DE SI MESMO PARA DEUS

Para esclarecer o processo de conhecer a nós mesmos e aceitar as partes indesejáveis de nossa personalidade, bem como o jeito com que esse processo nos leva a um conhecimento de Deus, deixe-me contar a história de alguém que vou chamar de Judite.

Conheci Judite como aluna de um curso que eu dava na Faculdade da Universidade de São Miguel, uma das faculdades católicas romanas filiadas à Universidade de Toronto. O curso, Psicologia e Espiritualidade Cristã, estava aberto a todos os cinquenta e cinco mil alunos de graduação da universidade e era sempre interessante ver quem se inscrevia nele. Judite apresentou-se depois da primeira aula, identificando-se como judia a caminho de se tornar cristã.

Judite foi criada em um lar judeu secular. Ser judeu, ela disse, era questão de etnia, não de religião. Esta não lhe interessava até bem recentemente. O que lhe interessava era conhecer a si mesma. Além de estudar psicologia, esteve em psicanálise durante vários anos e por meio dela veio a se conhecer em pontos profundos. Ela me falou da coragem que adquiriu enquanto aprendia a encarar partes assustadoras de si mesma — em especial sua sexualidade. Ela também me falou da crescente liberdade para amar os outros e ser genuinamente a pessoa que ela se tornara. Mas o que realmente chamou-me a atenção foi a declaração que seu trabalho com um psicanalista judeu agnóstico a levara em direção ao cristianismo.

O interesse de Judite em Deus começou em razão do repetido incentivo do psicanalista para que ela encarasse a verdade. Este, disse ela, era o lema do terapeuta. À medida que aprendia a encarar a verdade sobre si mesma, tomava consciência de anseios espirituais que por muito tempo tinham estado inativos e ocultos. O primeiro passo em resposta a eles foi examinar a espiritualidade judaica frequentando a sinagoga e começando a ler alguns dos místicos judeus. Depois de algum tempo nesse itinerário, a leitura de alguma coisa sobre a vida de Santa Teresa d'Ávila despertou seu interesse pelo cristianismo. Depois de ler *Castelo interior*, de Teresa, começou a devorar tudo que encontrou da literatura clássica da espiritualidade cristã. Foi quando se inscreveu em meu curso.

De fato, Judite tornou-se cristã. E ao começar a conhecer e amar o Deus que encontrou por primeiro na vida dos santos cristãos, o conhecimento de si mesma aprofundou-se. O mais surpreendente foi descobrir que sua total aceitação por Deus ajudou o trabalho que ela fazia em psicanálise. Até o analista comentou esse fato. Encontrar suas partes assustadoras na presença divina, e perceber que Deus a aceitava por inteiro, deu-lhe a coragem de lentamente começar a desfazer sua antiga repressão da sexualidade. Pouco a pouco ousou trazer as partes vergonhosas e assustadoras de sua personalidade para o círculo da amorosa aceitação divina e paulatinamente o conhecimento de si mesma e de Deus tornou-se mais profundo.

A história de Judite não é tão incomum quanto parece. Todos os humanos são criados seres espirituais com profundos anseios de encontrar sua identidade em Deus. Os que procuram sinceramente conhecer a si mesmos encontram inevitavelmente esses anseios e encaram escolhas de como reagir a eles. O conhecimento profundo de si mesmo dá oportunidade para o conhecimento profundo de Deus, exatamente como o conhecimento profundo de Deus dá oportunidade para o conhecimento profundo de si mesmo. É exatamente como João Calvino disse que seria.

Autoaceitação e autoconhecimento

Permitir que Deus me aceite exatamente como sou ajuda-me a me aceitar do mesmo jeito. Isso é essencial para a transformação espiritual genuína.

A autoaceitação e o autoconhecimento estão profundamente interligados. Para conhecer alguma coisa a seu próprio respeito, é preciso que você a aceite. Mesmo coisas que você deseja profundamente mudar precisam primeiro ser aceitas — até mesmo adotadas. A autotransformação é sempre precedida pela autoaceitação. E o eu que você precisa aceitar é o eu que você é real e verdadeiramente — *antes de você começar seus projetos de autoaperfeiçoamento!*

Toda esperança de conhecer a si mesmo, a menos que aceite as coisas a seu respeito que você deseja que não fossem verdade, é uma ilusão. A realidade precisa ser abraçada antes de ser mudada. O conhecimento de nós mesmos será superficial até estarmos dispostos a nos aceitar como Deus nos aceita — plena e incondicionalmente, do jeito que somos.

A aceitação divina de como somos não está de modo algum em conflito com o anseio divino pela nossa integridade. Nem com a aceitação de nossa personalidade. Só que até estarmos preparados para aceitar o eu que realmente somos, bloqueamos o trabalho divino transformador de nos tornar nosso verdadeiro eu que está oculto em Deus. Precisamos favorecer o eu que procuramos conhecer. Precisamos recebê-lo com hospitalidade, não hostilidade. Ninguém — nem você mesmo — pode ser conhecido a não ser por essa acolhida.

Deixe-me esclarecer isso voltando à história de Pedro. É altamente improvável que sua traição de Cristo fosse seu primeiro encontro com o medo que devia estar por trás desse ato. Quase certamente ele se viu antes em situações em que o medo o fez afastar-se de uma atitude que queria tomar. A menos que tivesse reprimido totalmente essas experiências, ele seria capaz de recordá-las. Entretanto, possuir tais informações sobre si mesmo não seria o mesmo que se conhecer verdadeiramente. A diferença está na autoaceitação. Até estarmos dispostos a aceitar as verdades desagradáveis de nossa existência, racionalizamos ou negamos a responsabilidade por nosso comportamento. Assim, ao se recusar a encarar e aceitar sua covardia e seu medo, Pedro pôde, por exemplo, ter atenuado covardemente os atos concentrando-se nas circunstâncias. Poderia ter seguido a mesma estratégia depois de sua negação de Jesus. Talvez fosse isso que Jesus previu e procurou evitar com a previsão pública da negação petrina. Mas a escolha de aceitar ou não a realidade e a si mesmo era de Pedro e somente dele.

Se Deus o ama e o aceita como pecador, como você poderia fazer menos que isso? Você nunca é diferente do que é até estar disposto a acolher a realidade de quem você é. Só então você se torna verdadeiramente quem você foi muito profundamente chamado a ser.

Alguns cristãos ficam completamente perturbados com a sugestão de que a aceitação de si mesmo precisa preceder a transformação. Afirmam que essa aceitação é o exato oposto do que devemos fazer com as partes de nossa personalidade que não reverenciam Deus. O que devemos fazer, eles dizem, é matá-las, não as acolher.

Parece que as Escrituras são bastante claras quanto à importância de fazer morrer nossa natureza pecaminosa (Rm 8,13). Porém tentativas de eliminar coisas que descobrimos em nossa personalidade e a princípio não aceitamos como parte de nós apoiam-se na rejeição, não na provação. A provação deveria ser dirigida à nossa natureza pecaminosa. E precisamos primeiro aceitá-la como *nossa* natureza, não simplesmente natureza *humana*. Só depois de genuinamente conhecermos e aceitarmos tudo que descobrimos em nossa personalidade poderemos começar a cultivar o discernimento para saber o que deve ser eliminado e o que deve ser acolhido como parte importante dela.

Freud observou que as coisas sobre nós mesmos que deixamos de reconhecer recebem poder e influência crescente por não as aceitarmos. É o que evitamos, ele declarou, que vai nos tiranizar mais. Nisso ele estava absolutamente certo. Aceitar-se a si mesmo não aumenta o poder das coisas que precisam ser eliminadas futuramente. Antes, as enfraquece. Faz isso porque lhes tira o poder que desenvolvem quando operam fora do entendimento e fora do abraço da autoaceitação.

Antes de nos entregarmos precisamos ser nós mesmos, pois ninguém desiste do que em primeiro lugar não possui[6]. Jesus o expressa assim: "Se você anda de nariz empinado, vai acabar de cara no chão; mas se você se contenta em simplesmente ser você mesmo, você se tornará algo além de você" (cf. Lc 18,14)[7]. Antes de nos tornarmos nosso eu, precisamos aceitar esse nosso eu exatamente como somos. A aceitação de si mesmo sempre precede a genuína submissão e autotransformação.

À PROCURA DA CHAVE ESPIRITUAL

Nasrudin[8] — o protagonista de muitos contos folclóricos do Oriente Médio, gregos e russos – chegou certa noite

---

6. Merton, Thomas, *Thoughts in Solitude*. Boston: Shambhala, 1993, 3, 20.

7. Trata-se de uma versão da citação bíblica presente em *The Message*, de Eugene Peterson. (N. da R.)

8. Agradeço a Robert V. Thompson por sugerir a conexão entre esta narrativa e a oração no sermão *Libertar-se do falso eu*, pregado na igreja de Lake Street em Evanston, IL, a 3 de fevereiro de 2002. Embora só uma pequena porcentagem das histórias folclóricas de Nasrudin tenha sido traduzida e escrita em inglês, uma boa introdução a essas fábulas bastante notáveis pode ser encon-

à porta de sua casa quando de repente percebeu ter perdido a chave. Tentou procurá-la, mas a noite estava tão escura que ele mal enxergava o chão. Assim, agachou-se e examinou o chão onde estava. Ainda estava escuro demais para ver alguma coisa. Voltando até um poste de iluminação, ele se abaixou de novo e começou um exame meticuloso da área.

Um amigo se aproximou e, ao vê-lo, perguntou-lhe o que estava fazendo. Nasrudin respondeu: "Perdi minha chave e a estou procurando". Então o amigo também se agachou e começou a procurar.

Depois de algum tempo o amigo perguntou:

— Você lembra onde perdeu a chave?

— Com certeza – respondeu Nasrudin — eu a perdi em casa.

— Então por que a está procurando aqui fora?

— Porque — respondeu Nasrudin — a luz é muito melhor aqui.

Somos todos muito mais parecidos com Nasrudin do que gostaríamos de reconhecer. Procuramos uma chave espiritual perdida, mas tendemos a procurá-la fora de nós mesmos, onde parece mais fácil procurar. Entretanto a chave está dentro, no escuro.

Jesus disse: "Mas quando rezares, entra em teu quarto, fecha a porta, e reza a teu Pai que está presente até em lugar oculto" (Mt 6,6). O lugar secreto onde encontramos Deus de um jeito verdadeiramente transformacional está em nosso eu interior. A oração encontra Deus na escuridão e na solidão desse lugar secreto. Apenas esse encontro com Deus nas profundezas de

---

trada em Shah, Idries, *The Pleasantries of the Incredible Mulla Nasrudin*. London: Octagon, 1983.

nossa alma proporciona acesso ao conhecimento profundo de Deus e de nossa personalidade que é nosso verdadeiro lar.

O que torna esse encontro possível é olhar para Deus, que olha para nós. Quando percebemos como somos amados profundamente por ele — em nossas dificuldades, complexidade, totalidade e pecaminosidade — ousamos permitir que acesse completamente as partes obscuras de nossa alma que mais precisam de transformação. E Deus nos precede neste percurso, esperando nos encontrar nas profundezas de nosso eu.

quatro

Conhecer-se como você realmente é

Conhecer as profundezas do amor pessoal de Deus por cada um de nós como indivíduos é o fundamento de todo autoconhecimento genuíno – e há ainda mais a ser aprendido ao refletir sobre como Deus nos conhece.

A pessoa que Deus ama com persistência não é meu pretenso eu embelezado, mas meu eu verdadeiro — o eu real. Mas mestre de ilusão que sou, tenho dificuldade para entrar em minha rede de autoilusões e conhecer esse eu real. Confundo-o continuamente com algum eu ideal que eu gostaria de ser.

As raízes de nosso pretenso eu estão na descoberta, na infância, de que asseguramos o amor apresentando-nos à luz mais lisonjeira. A garotinha esconde o rancor pelo irmão porque sabe que deveria amá-lo. Essa falta de integridade é então reforçada pelos pais que elogiam seu comportamento carinhoso. O menino nega seu ressentimento por não conseguir alguma coisa que deseja. Ao fazer isso, dá um passo em direção à perda de conscientização daquilo que ele está realmente sentindo. Em suma, aprendemos a fingir, aparentando ser aquilo (que pensamos) que querem as pessoas importantes e ignorando as provas do contrário.

Tudo isso pode parecer bem inocente. Entretanto, a inocência desaparece quando perdemos o contato com nossa experiência verdadeira, porque isso sempre envolve a diminuição de nossa base na realidade.

Thomas Merton adverte: "Não há maior desastre na vida espiritual do que estar imerso na irrealidade, pois a vida é mantida e alimentada em nós por nossa relação vital com a realidade"[1]. A vida verdadeiramente espiritual não é fuga da realidade, mas comprometimento total com ela.

Muitos de nós estamos bastante dispostos a abraçar a realidade quando ela se harmoniza com o jeito como vemos a nós e o mundo e quando não é muito desagradável. Entretanto, quando nossas experiências de vida nos confrontam com coisas a respeito de nós mesmos que relutamos em aceitar, invocamos mecanismos psicológicos de defesa para ajudar a manter uma sensação de segurança e estabilidade. Embora ajudem a lidar com isso a curto prazo, essas estratégias inconscientes bloqueiam o crescimento de longo prazo, pois distorcem a realidade. Em última análise, sua função é nos proteger de verdades desagradáveis.

A capacidade humana para a autoilusão é impressionante, o que é ensinado pela Escritura (Jr 17,9) e confirmado pela psicologia. Algumas pessoas são altamente habilidosas em enganar outras. Entretanto, sua duplicidade perde a importância em comparação com os intermináveis modos criativos com os quais todos nós enganamos nosso eu.

A autoilusão ocorre automaticamente. Faz parte do que os psicólogos têm em mente quando dizem que os mecanismos de defesa operam no inconsciente. Também faz parte do que

---

1. Merton, Thomas, *Thoughts in Solitude*. Boston: Shambhala, 1993, 3.

os teólogos têm em mente quando falam de pecado original. Na verdade, não temos de escolher a autoilusão. Ela é — para usar o jargão contemporâneo de computador — a opção *default* (padrão).

Em geral somos peritos em identificar a autoilusão nos outros. Em outra pessoa percebemos facilmente um abraço rígido de gentileza às custas de qualquer reconhecimento de raiva ou ressentimento. É o mecanismo de defesa da *formação de reação*: algum sentimento ou impulso inaceitável é eliminado da consciência por nossa expressão de seu oposto. Identificamos em outra pessoa uma *racionalização* quando ela dá uma boa razão para seu comportamento, mas não a verdadeira razão. Em alguma outra pessoa, uma simples *negação* de sentimentos que obviamente estão presentes exemplifica a forma mais básica de autoilusão que existe.

Reconhecer essas mesmas coisas em nós mesmos é muito mais difícil. A percepção de nossas ilusões é enormemente desafiadora. Exige uma dedicação contínua à verdade e um senso profundo de liberdade do medo de rejeição. Nada facilita isso como saber que se é profundamente amado.

A transformação espiritual envolve a purificação da visão. Jesus disse que quando nosso olho está são, todo o nosso corpo fica luminoso (Lc 11,34). Temos de aprender a ver — e aceitar — o que realmente está ali. Eliminar nossas ilusões faz parte desse processo, já que nos reorienta em direção à realidade. Ver Deus como ele é — não como quem queremos que seja — exige que nos vejamos como realmente somos. Com efeito, a mesma nuvem de ilusões obscurece nossa visão de Deus e de nós mesmos.

CONHECER-SE COMO PECADOR

Inevitavelmente, conhecer-nos como realmente somos nos leva a mencionar o que a Bíblia chama de pecado. Não é preciso muita autoconsciência para reconhecer que há coisas básicas sobre nós que não são como deveriam ser. Deixe-me falar por mim mesmo. Faço coisas que não quero fazer e parece que sou incapaz de fazer outras coisas que desejo fazer. Parece que sou programado para o egoísmo e o egocentrismo, não para o amor. Se sou sincero, devo admitir que minha motivação nunca é tão pura ou nobre quanto desejo que pareça. Minha capacidade de realizar meu potencial como pessoa criada à imagem de Deus é sabotada por algum plano interior sobre o qual não tenho nenhum controle. Essa é uma parte importante do que significa ser pecador.

A experiência cotidiana incute em mim o fato doloroso de que meu coração escuta a serpente em vez de Deus. Como James Finley diz com impressionante sinceridade: "Há alguma coisa em mim que veste as folhas da figueira da dissimulação, mata meu irmão, constrói torres de confusão e traz o caos cósmico sobre a terra. Há alguma coisa em mim que ama a escuridão em vez da luz, que rejeita Deus, e desse modo rejeita minha realidade mais profunda como pessoa humana criada à imagem e semelhança de Deus"[2].

Alguns cristãos baseiam sua identidade no fato de serem pecadores. Acho que entenderam errado — ou só meio certo. Você não é simplesmente um pecador; é um pecador profundamente amado. E há toda a diferença do mundo entre os dois.

O pecado é um corolário para a nossa condição primordial como filhos de Deus imensamente amados. Primeiro, fomos criados por amor, feitos à imagem boa e sem pecado de nosso Deus Criador. E embora prejudicasse o que era totalmente bom, o pecado nos permitiu descobrir que o amor divino é dirigido para nós exatamente como somos, como pecadores. A

---

2. Finley, James, *Merton's Palace of Nowhere. A Search for God Through Awareness of the True Self.* Notre Dame, IN: Ave Maria, 1978, 27.

sequência é importante. Não devemos jamais confundir o fato secundário com a verdade primordial.

O verdadeiro conhecimento de nós mesmos só ocorre depois de estarmos convencidos de que somos amados profundamente, exatamente como somos. O fato de Deus nos amar e conhecer como pecadores nos possibilita conhecer e amar nosso eu como pecador. Tudo começa com o conhecimento do amor divino.

Para ter sentido, conhecer a nós mesmos como pecadores precisa envolver mais que saber que cometemos certos pecados. O pecado é mais básico do que o que fazemos. O pecado é quem somos. A esse respeito poderíamos dizer que o pecado é fundamentalmente uma questão de ontologia (ser), não simplesmente moralidade. Ser humano é ser pecador. É ser mercadoria quebrada, estragada, que leva dentro de seu eu mais profundo uma imperfeição fundamental, fatal — uma imperfeição que disfarça a bondade de nossa criação original e contagia nosso próprio ser.

Se tudo que conhecemos sobre nós mesmos são os pecados específicos que cometemos, nosso autoconhecimento permanece superficial. A concentração nos pecados leva ao que Dallas Willard descreve como gerenciamento do evangelho do pecado[3] — a resolução de evitar o pecado e as estratégias para lidar com a culpa quando isso se mostra inevitavelmente malsucedido. Mas a transformação espiritual cristã é muito mais radical que a fuga do pecado. E o conhecimento de si mesmo necessário para essa transformação é muito mais profundo.

Conhecer nossa pecaminosidade torna-se mais proveitoso quando chegamos até nossas principais tendências pecamino-

---

3. Willard, Dallas, *The Divine Conspiracy. Rediscovering Our Hidden Life in God.* San Francisco: HarperSanFrancisco, 1998, 35-60.

sas por trás dos pecados. Agora mudamos nosso foco do comportamento para o coração.

Chegar até o pecado subjacente aos pecados

Stuart era um pastor que me procurou para psicoterapia por causa de um vício sexual. Sentia-se tremendamente culpado por sua constante utilização de pornografia, mas também se sentia completamente incapaz de abandoná-la. Depois de anos confessando seu pecado, rezando por ajuda e voltando a velhos hábitos, ele concluiu que devia abandonar o ministério. O bispo o incentivou a me procurar antes de tomar uma decisão final. Em desespero e com pouquíssima esperança, ele concordou.

Nosso trabalho em comum levou Stuart pelo caminho escuro e difícil do autoconhecimento. Por trás do vício sexual descobrimos um anseio por intimidade, não um reservatório de luxúria. O casamento lhe proporcionava tanta intimidade genuína quanto ele podia tolerar, mas na imaginação ele buscava meios de experimentar uma intimidade que não lhe fizesse as exigências de um relacionamento verdadeiro. Entretanto, o mais importante foi descobrirmos um alto grau de ressentimento e um forte senso de direito merecido. Enquanto examinávamos isso, ele tomou consciência da sensação de merecer algo melhor do que estava experimentando. Foi isso que acabou nos levando à sua principal tendência pecaminosa — o orgulho.

Em suma, Stuart estava profundamente amargurado por ninguém reconhecer como ele era especial. Quando examinamos esse sentimento, ele conseguiu remontá-lo à infância. Sentia-se esquecido na família de seis irmãos. Ele foi o responsável que tomou conta de todos os outros, mas parece que ninguém o valorizou por isso. Também era o que tinha talentos mais marcantes, mas, de novo, parece que ninguém observou esse fato.

Stuart aprendeu a disfarçar o ressentimento por não notarem suas qualidades com a máscara da falsa humildade, mas por baixo disso havia um fogo latente de amargura. O orgulho sugeria que ele merecia tratamento especial. Quando não o obteve, recolheu-se magoado e enraivecido, o que por sua vez levou à sensação de estar isolado e privado de intimidade. E isso estava por trás de sua atração pela pornografia.

Por si só, descobrir que ansiava por intimidade, não apenas satisfação sexual, não foi transformacional para Stuart. Entretanto, aceitar o menino emocionalmente necessitado que ansiava por um abraço amoroso, mas o temia, foi. Foi extremamente difícil encarar as profundezas de seu orgulho e o senso de direito merecido. Stuart só começou a encontrar a liberdade quando se aceitou do jeito que se descobriu ser aceito por Deus — em meio a seu pecado.

Stuart exemplifica como a aceitação genuína traz clareza e discernimento quanto à natureza de nossos problemas. Durante anos ele procurou matar seus desejos sexuais, convencido de que eram o centro de seu problema. Só que em vez de matar sua sexualidade, ele precisava abraçá-la, recebendo com hospitalidade essa parte muito importante de si mesmo e, assim, permitindo-lhe integrar-se na estrutura do eu total. Ele precisava acolher de volta essa parte incorrigível de si mesmo que se tornou violenta e indomada por passar tantos anos no exílio. Tratada como inimigo, sua sexualidade começou a funcionar como inimigo. Quando ele reconheceu que não era um monstro sexual, apenas um homem normal com necessidades sexuais normais, aparentemente suas necessidades sexuais perderam força e proeminência.

Descobrir nossas tendências pecaminosas principais é útil porque nos deixa lidar com nossos problemas na raiz. Ainda mais que isso, é útil porque sua descoberta vai inevitavelmente nos encher de tanto desespero e desesperança que não teremos outra escolha a não ser nos voltarmos para Deus. A transformação espiritual não resulta da solução de nossos problemas. Resulta de nos voltarmos para Deus em meio a eles e de encontrar Deus exatamente como somos. A volta para Deus é a essência da oração. Voltarmo-nos para Deus em nosso pecado e vergonha é o centro da transformação espiritual.

A parte mais importante de meu trabalho com Stuart foi ajudá-lo a se sentir livre de julgamento o bastante para expor-se ao risco de ser sincero e consciente. Algumas das descobertas sobre si mesmo o fizeram sentir-se imediatamente esperançoso. Sentiu-se assim quando começou a entender a natureza não sexual de seu vício em pornografia. Vê-lo em uma luz completamente nova deu-lhe novo otimismo já que sugeria um novo jeito de abordar o que se tornara um problema intratável. Outras descobertas — em especial a nova consciência de seu senso de direito merecido e a essência do orgulho — deixaram-no sentindo-se completamente arrasado, humilhado e desalentado. Essas coisas pareciam vir de um lugar tão profundo dentro de si que ele perdeu a esperança de algum dia ser capaz de fazer alguma coisa para corrigi-las.

Essa percepção foi realmente uma dádiva, pois permitiu-lhe encontrar Deus onde Deus já estava esperando para encontrá-lo — no centro de seu desalento e pecado.

Ajuda antiga para aprofundar o conhecimento de nosso pecado

Um instrumento que muitas pessoas acharam útil para identificar tendências pecaminosas básicas é uma antiga abordagem para entender a personalidade, chamada Eneagrama[4].

---

4. Para uma boa introdução geral a esta abordagem do entendimento da personalidade, ver Riso, Don Richard; Hudson, Russ, *The Wisdom of the Ennea-*

Ao contrário de classificações de personalidade que se baseiam em atributos[5], o princípio organizador do Eneagrama é mais profundo e menos atraente. Concentra-se na imperfeição fatal, ou pecado básico, de cada um de nove tipos de personalidade. Ninguém que procura bajulação deve trabalhar com o Eneagrama. Contudo, se o que procura é um conhecimento profundo de si mesmo, não deve deixar de fazê-lo.

Nossa pecaminosidade nunca se reduz a uma única tentação. A suposição por trás do Eneagrama é que, subjacente a tudo o que fazemos, está uma tentação principal que é especial para nós. E até a vermos como ela é, inevitavelmente cederemos a essa tentação e viveremos como seus escravos.

Cada um dos principais pecados identificados pelo Eneagrama está associado a uma necessidade importante[6]. As necessidades são necessidades humanas básicas, tais como necessidade de amor, segurança ou perfeição. O pecado consiste em fazer dessas necessidades alguma coisa de valor supremo — isto é, transformá-las em Deus.

- Os do tipo Um necessitam ser perfeitos, e ao descobrir que nem eles nem nada em seu mundo é perfeito, são tentados

---

gram. The Complete Guide to Psychological and Spiritual Growth for the Nine Personality Types. New York: Bantam Doubleday Dell, 1999. Para uma abordagem explicitamente cristã ao Eneagrama, concentrando-se em especial em seu uso para entender nosso pecado básico, ver Rohr, Richard, *Enneagram. A Christian Perspective*. New York: Crossroad, 2001, ou ouça sua discussão do assunto em *Enneagram. Naming Our Illusions*, série de seis audiotextos produzida por Credence Cassettes, Kansas City, MO, 1988.

5. Não sou fã de sistemas de classificação de personalidade. Muitas vezes as partes de nós que se encaixam são em menor número que as partes que não se encaixam. E para algumas pessoas a tentação de se relacionar com os outros como um "tipo" é quase irresistível. Entretanto, sou fã do Eneagrama — não como tipologia, mas como instrumento para ajudar o conhecimento profundo de nossas principais tendências pecaminosas. Em minha vida, e também em meu trabalho com os outros, é quase sempre extremamente útil.

6. Embora sintetize as ideias de muitas pessoas, este resumo reflete uma dívida especial para com a obra de Richard Rohr citada na nota 4.

pela raiva moralista. Um bom exemplo bíblico deste tipo é Paulo.

- Os do tipo Dois precisam ser amados e necessários, e sua competência para fazer isso acontecer eleva seu orgulho. Marta é um bom exemplo bíblico do tipo Dois.
- Os do tipo Três precisam ser bem-sucedidos e são tentados a enganar os outros enquanto fazem o que têm de fazer para evitar o fracasso e aparecer na melhor luz possível. Jacó exemplifica este tipo.
- Os do tipo Quatro precisam ser especiais e são tentados à inveja, à fantasia escapista e a uma transigência de autenticidade. José, o patriarca veterotestamentário, exemplifica este tipo.
- Os do tipo Cinco precisam de conhecimento, anseiam por realização e são tentados pela ganância, a sovinice e o desapego crítico. Tomé, o discípulo incrédulo, encaixa-se neste padrão.
- Os do tipo Seis precisam de segurança e são tentados pelo medo, pela segurança e covardia. Timóteo é um bom exemplo do tipo Seis.
- Os do tipo Sete precisam evitar a dor e são tentados pela gula e a intemperança. Salomão é um exemplo bíblico deste tipo.
- Os do tipo Oito precisam de poder, autoconfiança e oportunidades para ficarem contra alguma coisa e são tentados pela luxúria, a arrogância e o desejo de possuir e controlar os outros. O rei Saul é um bom exemplo do tipo Oito.
- Os do tipo Nove precisam manter a paz emocional e evitar a iniciativa e são tentados pela preguiça, por ilusões consoladoras e inclinados a ser excessivamente obsequiosos. Jonas exemplifica este tipo.

Descobri o Eneagrama em 1988, durante um período de intensa atividade espiritual pessoal. Como costuma acontecer, o primeiro tipo que identifiquei enquanto procurava me achar dentro do sistema estava errado[7]. Incapaz de encarar verdades mais profundas sobre mim mesmo, identifiquei-me com diversos atributos superficiais que eram verdadeiros a meu respeito — mas não minha verdade mais profunda.

Na linguagem do Eneagrama, pensei primeiro que eu era do tipo Cinco. O pecado principal deste tipo é a ganância, e eu pude ver como, apesar da enorme negativa, eu era de fato significativamente motivado pela ganância. Muitos aspectos do estilo da personalidade das pessoas do tipo Cinco também servem razoavelmente bem para mim. São pessoas que tendem a viver na cabeça, observando a vida com desapego, objetividade e perspicácia. Com fome voraz de conhecimento, sua busca por entender o mundo e a si mesmos é implacável. Entretanto, às vezes isso as priva da intimidade com os outros e do conhecimento genuíno e profundo de si mesmos. Tudo isso serve para mim. Porém, ao me identificar com esse tipo, eu também me protegia de um encontro mais doloroso com minhas tendências pecaminosas mais profundas.

Outro tipo que eu pensei que se adequava a mim era o Um. A essa altura da vida, eu apenas começava a entender e encarar

---

7. Embora questionários tenham sido desenvolvidos para ajudar na identificação de tipos – ver Riso, D. R.; Hudson, Russ, *The Riso-Hudson Enneagram Type Indicator*. Stone Ridge, NY: Enneagram Institute, 2000, ou <www.enneagraminstitute.com/home> –, a melhor maneira de você realmente se encontrar dentro do Eneagrama é por meio da reflexão orante. Como o Eneagrama identifica nossas ilusões fundamentais, a tentação de elogiarmos a nós mesmos, identificando-nos com declarações que se harmonizam com a maneira como nos queremos ver, limita a utilidade de questionários. Penetrar essa rede defensiva de ilusões é um trabalho espiritual que exige tempo, sinceridade implacável e discernimento, que só nasce da receptividade atenta ao Espírito de Deus.

minha raiva, e a raiva é a raiz pecaminosa das pessoas do tipo Um. Eu também me identificava com a tentação central à perfeição e a fazer a coisa certa pela razão errada. Estava claro que havia um pouco do moralista em mim, mesmo que eu me esforçasse arduamente para mantê-lo sob controle. E eu me identificava com a tendência a me tornar demasiadamente sério, zeloso e responsável. Parecia uma adaptação relativamente boa.

Também julgava ver muito de mim mesmo no tipo Dois — pessoas cujo pecado principal é o orgulho e cuja tentação central é a bajulação e a obsequiosidade, que no fim é mais interesseira do que reconhecem. Precisando que os outros gostem delas, as pessoas do tipo Dois são tentadas a manipular os outros para que, de um jeito ou de outro, precisem delas. Em geral, controlam os outros, agradando-os. Muitas dessas coisas pareciam uma adaptação razoavelmente boa para mim.

Embora todos nós, até certo ponto, nos adaptemos a todos os nove tipos, "adaptações razoavelmente boas" sempre significam que você ainda não conseguiu encarar realmente as profundezas de suas ilusões e seu pecado básico. A contínua reflexão orante no que eu aprendi sobre mim mesmo com o Eneagrama aos poucos sugeriu que onde eu realmente me encaixava era no tipo Três. Como é sempre o caso quando achamos nosso verdadeiro tipo dentro do Eneagrama, isso foi inicialmente acompanhado de um horrível sentimento de humilhação. Como eu ousava chamar meu pecado básico de fraude? Como de repente desejei possuir qualquer um dos outros oito pecados básicos! Como me senti de repente profundamente exposto!

As pessoas do tipo Três não são necessariamente mentirosas. Por causa de nosso medo profundo de fracasso tendemos a ser bons em dar a melhor interpretação possível às coisas. Consequentemente nunca somos tão saudáveis, competentes, bem-sucedidos – ou o que for que valorizemos – quanto aparentamos. Esse é o âmago de nossa ilusão. Também frequentamos o santuário da eficiência, e geralmente nos saímos muito bem neste critério de sucesso um tanto arbitrário que nós mesmos estabelecemos. As aparências importam para as pessoas do tipo Três. Não só dizemos mentiras, como nos inclinamos a vivê-las.

Ai! Eu sabia que tinha encontrado meu tipo — o padrão de meu pecado básico.

A verdade é que nenhum desses tipos é pior ou mais pecaminoso que os outros. E nenhum está mais longe da redenção que outro. Embora pareça que nosso tipo básico de personalidade e tentação pecaminosa principal permanece constante a vida toda, não há dúvida de que podemos nos mover em direção à maior liberdade e integridade dentro da estrutura de quem somos. É o processo de transformação espiritual.

A transformação espiritual, não o autoconhecimento, é a meta da espiritualidade cristã. Com ajuda divina precisamos romper com nossas ilusões e ver a nós mesmos como realmente somos em relação a Deus.

O completo conhecimento de nosso eu em relação a Deus inclui saber três coisas: nosso eu profundamente amado (o que foi tratado no capítulo três), nosso eu profundamente pecaminoso (assunto deste capítulo) e nosso eu no processo de ser redimido e renovado (que será estudado no capítulo seis). Encarar essas verdades profundas sobre nós mesmos nos possibilita aceitar e conhecer a nós mesmos como somos aceitos e conhecidos por Deus.

Reflexão orante

Conhecer-se genuinamente como você é conhecido por Deus é bastante assustador. Mas se Deus o conhece, e ainda assim o ama profundamente, existe a esperança de que você possa fazer o mesmo! O autoconhecimento genuíno está disponível a todos que 1) sinceramente o desejam; 2) desejam refletir em espírito de oração sobre sua experiência, 3) têm a coragem de encontrar a si mesmos e a Deus na solidão.

Se seu autoconhecimento é limitado, reflita em oração sobre em qual destes três prerrequisitos você é mais deficiente. Se anseia conhecer-se mais profundamente, continue a revisão da oração cotidiana sugerida no capítulo dois. Além disso, espere ocasiões em que esteja sozinho consigo mesmo e com Deus. Muitas vezes essas ocasiões já estão no ritmo de sua semana, mas estão cheias de distrações para protegê-lo da solidão. Algumas pessoas põem música para tocar sempre que estão sozinhas. Outras voltam-se para o computador, a televisão ou o telefone, de maneiras que servem aos mesmos propósitos de entorpecer a alma. As possibilidades para evitar a solidão são intermináveis.

Depois da reflexão orante para identificar o que você usa para evitar a solidão, faça uma aliança com Deus e consigo mesmo e reserve algum tempo para simplesmente ficar em silêncio com Deus nas profundezas de si mesmo. Não crie nenhum programa para esse tempo além de sentar-se em silêncio com Deus.

Comece com uma oração simples, pedindo a Deus que o ajude a ficar em silêncio. Não pense que precisa preencher o tempo com palavras ou pensamentos; só fique quieto e acredite estar na presença divina, quer a perceba quer não.

Ao fim desse tempo — não durante ele — descreva a experiência em seu diário. Anote seus pensamentos, reações e sentimentos, e então entregue-os a Deus. A ideia não é análise, mas identificação e alívio. Anote-os pelo que são e então entregue-os a Deus. O autoconhecimento é dádiva divina, não resultado de sua introspecção. Lembre-se, isto não é autoterapia. É passar tempo com Deus e permitir que Deus o encontre e o ajude a se conhecer como você é conhecido.

Nada substitui o encontro com Deus em suas profundezas se você deseja realmente esse conhecimento. Rezar para ver o seu eu como Deus o vê exige coragem, mas é perfeitamente possível se feito com a profunda certeza que o eu que você quer conhecer já é conhecido e amado profundamente por Deus. E lembre-se: é nas profundezas de seu eu que Deus espera encontrá-lo com amor transformador.

cinco

Desmascarar seu falso eu

O ideal de autenticidade se parece com o ideal de perfeição. Todos nós temos alguma ideia daquilo sobre que falamos sem jamais ter tido nenhuma experiência pessoal direta do assunto.

Pela experiência realmente sabemos que é importante lutar pelo que julgamos ser nossa melhor tentativa de realização pessoal. Todos buscamos um jeito de ser que leve à felicidade. Entretanto, a verdade é que nem todos os caminhos são igualmente autênticos. Se há um jeito de ser que é fiel a meu eu mais profundo, há também muitos outros caminhos que são falsos.

Tudo que é falso sobre nós se origina da crença de que nossa felicidade mais profunda é consequência de levar a vida do nosso jeito, não do jeito de Deus. Apesar de dizermos que queremos confiar em Deus e nos entregar à sua vontade, lá no fundo duvidamos que Deus seja realmente capaz de assegurar nossa felicidade.

Estilo pessoal

Muitos de nós aprendemos cedo na vida a cuidar das nossas necessidades e satisfações. Desenvolvemos o que Thomas

Keating chama de programa emocional pessoal[1]. Trata-se de nosso plano para lidar com a vida e alcançar a felicidade; da melhor suposição sobre o que precisamos fazer a fim de nos sentirmos bem quanto ao nosso eu; de nossa estratégia para satisfazer nossas necessidades básicas de amor, sobrevivência, poder e controle.

Nosso estilo básico não raro forma-se ao redor de coisas que foram reforçadas para nós quando crianças. Geralmente começa com as coisas que fazemos bem. Com o tempo nossa lista de competências aumenta e aprendemos a viver de um jeito que achamos que dará certo para nós. Torna-se "nosso jeito", ou simplesmente o que julgamos ser.

O problema não é que fazemos certas coisas bem e temos competências e qualidades que nos fazem especiais. O problema está no investimento desordenado que fazemos nessa imagem e nesse jeito de ser.

No centro do falso eu existe o desejo de preservar a imagem de nosso eu e o jeito de nos relacionarmos com o mundo. É nosso estilo pessoal — como pensamos em nós mesmos e como queremos que os outros nos vejam e pensem em nós. Posso ter uma imagem de mim mesmo racional e cuidadosa. Está no centro de meu estilo básico. Alternativamente, meu atributo mais apreciado talvez seja minha idoneidade, minha inteligência ou meu senso de humor. Ou pode acontecer de meu investimento estar em uma imagem de alguém que é adorável, artístico, imprevisível, criativo, elegante, distraído, sério, espiritual ou impulsivo. Normalmente, o atributo que valorizamos faz de fato parte de quem somos. A verdade é que esse atributo é apenas um entre muitos. Vivemos uma mentira quando fazemos dele o ápice de nossa existência.

---

1. Keating, Thomas, *Invitation to Love. The Way to Christian Contemplation*, New York: Continuum, 1998.

Nosso falso eu se baseia no apego desordenado a uma imagem de nosso eu que em nossa opinião nos torna especiais. O problema é o apego, não ter qualidades que nos tornam especiais. Richard Rohr sugere que a pergunta básica que devemos fazer é se estamos preparados para ser diferentes da imagem que fazemos de nosso eu[2]. Se não estivermos, viveremos escravizados ao nosso falso eu.

Como exemplo dessa vida de escravidão a um falso eu, considere Saulo antes de sua conversão e nova identidade como Paulo. Ambicioso, fanaticamente zeloso e de impiedade homicida, Saulo era o terror dos cristãos do século I. Na descrição dos Atos dos Apóstolos ele trabalhava para a destruição total da Igreja, indo de casa em casa para prender os seguidores de Cristo e entregá-los à prisão ou à execução (At 8,1-3).

Vê-se mais claramente a falsidade de Saulo à luz do que era verdade em Paulo. A persistência do ódio de Saulo indica uma vida muito desordenada, mas o que estava errado? Em retrospecto, sugiro que ele estava consumido pela ambição pessoal.

Saulo estava criando renome. Queria ser conhecido como aquele que sozinho salvou o judaísmo da heresia do cristianismo. O que mudou quando ele encontrou Cristo na estrada de Damasco foi que seus talentos prodigiosos e seu nível extraordinário de paixão foram redirecionados do reino de si mesmo para o reino de Deus. Nesse redirecionamento, ele se livrou da tirania de sua ambição particular. Encontrou seu verdadeiro eu.

Não mais guiado pelo ódio, agora ele era impelido pelo amor. Sua vida como Paulo mostrou muito da mesma determinação obstinada vista em sua vida como Saulo. Mas agora não era a ambição de deixar sua marca e fazer isso do seu jeito

---

2. Rohr, Richard, *Enneagram. Naming Our Ilusions*, audiotextos, Kansas City, MO: Credence Cassettes, 1988, fita 1.

que o impulsionava para a frente. Em vez disso, era o desejo de alcançar a meta que ele descreveu como vocação a que Deus o chamou do alto em Cristo Jesus (Fl 3,14).

O DESAFIO DA AUTENTICIDADE

Outra coisa que sabemos por experiência é como esconder e fingir. Em algum momento da infância, todos fazemos a importante descoberta de que podemos manipular a verdade a nosso respeito. A princípio isso não raro assume a forma de uma simples mentira — frequentemente a negação de ter feito alguma coisa. De maior importância para o desenvolvimento do falso eu é a descoberta de que nossa capacidade de esconder não se limita ao que dizemos ou não dizemos. Aprendemos a fingir. Descobrimos a arte de vender a imagem do nosso eu.

Aprendemos que mesmo se sentirmos medo, podemos parecer corajosos. Também aprendemos a disfarçar o ódio com amor aparente, a raiva com calma aparente e a indiferença com simpatia aparente. Em suma, aprendemos a apresentar nosso eu à melhor luz possível — a luz destinada a criar uma impressão favorável e manter nossa autoestima.

Embora isso possa parecer bastante agradável, o lado obscuro de fingir é que o que começa como papel se torna identidade. Inicialmente as máscaras que adotamos refletem como queremos que os outros nos vejam. Porém com o tempo elas passam a refletir como nós queremos ver nosso eu. A essa altura já confundimos completamente a máscara e nossa experiência real. Nossas máscaras se tornaram nossa realidade e nos transformamos em nossas mentiras. Em suma, perdemos a autenticidade e adotamos uma identidade baseada na ilusão. Somos uma casa de fumaça e espelhos.

Poucas coisas são mais difíceis de discernir e desmantelar que nossas ilusões mais queridas. E nenhuma de nossas ilusões é mais difícil de identificar do que as presentes no coração de nosso falso eu. O falso eu é como o ar que respiramos. Estamos tão acostumados com sua presença que já não temos consciência dela. Ele é tão esquivo quanto o vento e parece desaparecer quando a luz da atenção brilha em sua direção.

A única esperança para desmascarar a falsidade que reside no âmago de nossa existência é um encontro radical com a verdade. Nada além da verdade é forte o bastante para dissipar a ilusão. E só o Espírito da Verdade nos salva das consequências de escutar a serpente em vez de Deus.

Escutando a serpente

O relato no Gênesis da tentação de Adão e Eva nos ajuda a entender como nos tornamos as mentiras em que escolhemos acreditar. A narrativa nos fala de uma serpente que, sabendo do desejo de nossos primeiros pais de se tornarem iguais a Deus, ofereceu-lhes um meio de conseguir isso. Por si só, o desejo de serem iguais a Deus não era o problema. De fato, Deus os criou à imagem divina e queria que eles fossem semelhantes a ele. Entretanto, a dádiva divina de semelhança era muito diferente da oferecida pelo sedutor.

A essência da mentira em que Adão e Eva acreditaram era que podiam ser como Deus sem Deus. E sem Deus o máximo que está a nosso alcance é nos tornarmos um deus. A verdade é que não podemos ser como Deus por meio de um golpe espiritual de autoridade e soberania divina. James Finley assim o explica:

> Toda expressão de semelhança autoproclamada a Deus nos é proibida, não porque infringe alguma lei arbitrariamente decre-

tada por Deus, mas porque tal ação equivale a uma mentira ontológica, fundamental, que lida com a morte. Não somos Deus. Não somos nossa origem, não somos nossa realização suprema. Reivindicar ser assim é ato suicida que fere nosso relacionamento de fé com o Deus vivo e o substitui pela fé fútil em um eu que não pode existir jamais[3].

De modo paradoxal, Adão e Eva conseguiram o que queriam — ser como Deus sem Deus, semelhança que se baseava na independência em vez da entrega. É por isso que precisamos ter muito cuidado com o que desejamos. Talvez consigamos fazer isso!

Entretanto, o que conseguimos quando escolhemos um jeito de ser separados de Deus é a vida da mentira. É mentira porque a autonomia que promete é uma ilusão. Não nos tornamos livres de Deus pelo desprezo da vontade Divina. Ao contrário, com esse desprezo forjamos os grilhões de nossa escravidão.

O que conseguimos quando escolhemos um jeito de ser separados de Deus é a vida do falso eu. O que Saulo conseguiu quando preferiu seu caminho ao caminho divino foi um eu com um significado que dependia de atos de proporções heroicas — a destruição da Igreja. O que Stuart (contei sua história no capítulo quatro) conseguiu foi a sensação ilusória de ser especial com base nas satisfações da pornografia.

O falso eu é o resultado trágico de tentar roubar de Deus alguma coisa que não tínhamos de roubar. Se ousássemos confiar na bondade divina, descobriríamos que tudo que pudéssemos desejar mais profundamente seria nosso em Deus. Ao tentar obter mais do que tudo o que Deus oferece, acabamos

---

3. Finley, James, *Merton's Palace of Nowhere. A Search for God Through Awareness of the True Self.* Notre Dame, IN: Ave Maria, 1978, 31.

com menos que nada. Ao rejeitar Deus, acabamos em um ninho de mentiras e ilusões. Ao substituir Deus, nos transformamos em um deus para nosso eu. Nós nos tornamos um falso eu.

Lidando com a nudez

Com o eu criado à semelhança divina rejeitado, nosso falso eu é o eu que cultivamos à nossa semelhança. É a pessoa que gostaríamos de ser — uma pessoa de nossa criação, a pessoa que criaríamos se fôssemos Deus. Mas essa pessoa não pode existir, porque é uma ilusão.

Basear a identidade em uma ilusão tem profundas consequências. Ao perceber sua irrealidade fundamental, o falso eu se envolve na experiência — experiências de poder, prazer e honra. Ao intuir que isso é apenas uma sombra, busca se convencer de sua realidade igualando-se com o que ela faz e alcança. Basil Pennington sugere que a essência do falso eu é a crença que meu valor depende do que tenho, do que faço e do que os outros pensam de mim[4]. Thomas Merton descreve isso como "enrolar experiências em volta de mim mesmo [...] como ataduras, a fim de me tornar perceptível para mim mesmo e para o mundo, como se eu fosse um corpo invisível que só se tornasse visível quando alguma coisa visível lhe cobrisse a aparência exterior"[5].

Por ser vazia na essência, a vida do falso eu é uma vida de apegos excessivos. Para evitar a implosão e a inexistência, o falso eu procura qualquer coisa que pareça ter substância, e então apega-se a essas coisas com a tenacidade com que um homem que está se afogando agarra-se a uma boia. Uma pessoa ape-

---

4. Pennington, M. Basil, *True Self/False Self*. New York: Crossroad, 2000, 31.
5. Merton, Thomas, *New Seeds of Contemplation*. New York: New Directions, 1961, 35.

ga-se a suas posses, habilidades ou espaço. Outra apega-se a seus sonhos, lembranças ou amizades. Qualquer dessas coisas pode ser bênção ou maldição. São bênção quando são guardadas em mãos abertas de gratidão. Tornam-se maldição quando são agarradas em punhos cerrados de direito de posse e vistas como "eu" ou "minha".

Saulo agarrou-se a seu zelo e força de vontade. Parecendo o tipo Um prototípico do Eneagrama que ele era, depois da conversão ele descreveu isso como o desejo de alcançar a perfeição pela intensidade de seus esforços (Fl 3,6-9). Que alívio deve ter sido para ele substituir a perfeição que procurava por meio do trabalho duro pela "justiça que vem pela fé em Cristo, aquela que é dom de Deus" (Fl 3,9).

Pensamos em nossos apegos como âncoras de bem-estar. Sentimo-nos bem quando estamos cercados por divertimentos aparentemente inocentes e achamos que eles asseguram um estado de prazer que não seria nosso sem eles. Entretanto, na verdade sabotam nossa felicidade e são perigosos para nossa saúde tanto espiritual como psicológica.

Os apegos enfraquecem nossa liberdade, tornando nosso contentamento e alegria dependentes de sua presença. Se meu "divertimento inocente" está cercado pelos mais novos equipamentos de alta tecnologia, sinto-me bem quando adquiro um novo brinquedo e não me sinto bem quando vejo uma versão mais recente à venda e não posso comprá-la. O apego a estilo, moda e bom gosto opera da mesma maneira, fazendo minha felicidade depender de coisas externas. Os apegos nos aprisionam na falsidade enquanto seguimos as sereias oscilantes do desejo.

Espiritualmente, os apegos servem de ídolos: investimos em objetos e experiências o que deveríamos investir somente em Deus. A tudo que conseguimos, damos uma importância além de seu valor real, importância que em última análise é roubada de Deus.

No fundo, apegos são meios de lidar com os sentimentos de vulnerabilidade, vergonha e incapacidade que estão no âmago de nossos falsos jeitos de ser. Como Adão e Eva, nossa primeira reação à percepção de nudez é agarrar o que estiver mais perto e rapidamente nos cobrir. Nós nos escondemos por trás das folhas de figueira de nosso falso eu. É o jeito de vender a imagem de nosso eu para escapar à dolorosa consciência de nossa nudez.

O problema com o falso eu é que ele funciona. Ajuda-nos a esquecer que estamos nus. Logo, não temos mais consciência da vulnerabilidade latente e voltamos a nos sentir confortáveis.

Deus quer alguma coisa melhor que folhas de figueira para nós. Quer que tenhamos consciência de nossa impotência para sabermos que precisamos da ajuda divina. O mais profundo desejo divino para nós é substituir nossas folhas de figueira por túnicas de durabilidade e beleza (Gn 3,21). Contudo, nós nos agarramos a nosso falso eu de folhas de figueira. Acreditamos que sabemos cuidar de nossas necessidades melhor do que Deus.

RECONHECER SEU FALSO EU

Enquanto os apegos excessivos e a falsidade pessoal dos outros são manifestamente visíveis, nunca é fácil conhecer as mentiras da nossa vida. Há, entretanto, alguns indícios dignos de confiança, quando ousamos ser sinceros o bastante para encará-los.

Um deles é a defensiva. Por causa de sua irrealidade fundamental, o falso eu precisa de ajuda constante. A sensibilidade leva-nos a depender de falsos jeitos de ser. E quanto mais suscetível você é, mais investe na defesa de um falso eu.

Algumas pessoas irritam-se facilmente quando não são levadas a sério, traindo assim a necessidade de que os outros vejam a presunção que para elas é tão óbvia. Outras levam-se a sério demais e são talvez incapazes de rir de si mesmas. As duas reações sugerem arrogância. Outras aprenderam a disfarçar essas demonstrações defensivas exteriores, mas ainda assim reações interiores de contrariedade ou irritação indicam a presença de um falso eu.

Sempre tive aversão a ser chamado de Dave. Às vezes corrijo quem o faz. Com mais frequência simplesmente lembro a mim mesmo que isso não tem importância e tento ignorar minha irritação. Porém a pergunta óbvia é por que dou tanta importância a uma consoante no fim de um nome!

A resposta remonta à essência de meu falso eu. David — confesso — parece se adaptar melhor à imagem de seriedade que quero projetar. Dave parece comum e normal demais, talvez familiar demais. No estado envaidecido de presunção associado a meu falso eu, quero ser único e quero ser importante. Não quero me contentar com o normal.

É como o falso eu funciona. Sua sensibilidade é previsível. A insignificância é uma de suas características mais estáveis. As coisas que nos aborrecem mais a respeito dos outros — nossas irritações favoritas — também indicam a falsidade em nosso eu. O cisco que me aborrece na vida de outra pessoa é quase sempre a trave em meu olho (Mt 7,3).

Se a preguiça dos outros é o que realmente me aborrece, há uma boa chance de que disciplina e desempenho formem uma parte central do falso eu que abraço com tenacidade. Se é a brincadeira e a espontaneidade dos outros que acho mais irritante, então talvez a seriedade seja uma parte central do eu que protejo e busco projetar. Se é a negligência moral que é de modo especial irritante nos outros, meu falso eu deve ter sido construído ao redor da retidão moral e da hipocrisia. E se a emotividade é o que mais desprezo nos outros, é provável que o controle emocional seja central no roteiro que escolhi para viver.

Outro indício da natureza de nosso falso eu é o padrão de nossas compulsões. Todo mundo tende a ser compulsivo a respeito de alguma coisa, e para muitos de nós essa compulsão é o que achamos que precisamos mais. Uma pessoa talvez persiga compulsivamente o sucesso ou a estima, enquanto outra investe a mesma energia para evitar a dor ou o dissabor. Nada há de errado com essas coisas. O problema com as compulsões é que elas representam apegos excessivos. Muitas vezes envolvem um bem que é elevado à posição do bem supremo pela importância desproporcional que lhe atribuímos.

A perfeição pode ser desejável, se recebida como obra divina em nós, mas não como resultado do esforço implacável que pessoas como Saulo tendem a despender para produzi-la. Além disso, com certeza o amor é um bem inquestionável, mas o esforço compulsivo para sempre amar o que caracteriza os outros reflete a negação da humanidade deles e sempre surge às custas da autenticidade. Do mesmo modo, sucesso, beleza, conhecimento, segurança, prazer, autoconfiança e contentamento são coisas boas, mas não o bem supremo em que os transformamos quando investimos neles imoderadamente.

A função mais básica de nossas compulsões é nos ajudar a preservar nosso falso eu. Manter essa ilusão é a fonte de toda a nossa infelicidade. Como observa Basil Pennington, a infelicidade é sempre resultado de "não ser capaz de fazer alguma coisa que quero fazer, de ter alguma coisa que quero ter, ou me preocupar com o que os outros vão pensar de mim"[6]. Isso nos

---

6. Pennington, *True Self/False Self*, 37.

leva de volta ao centro do falso eu — colocar meu valor no que tenho, no que posso fazer e no que os outros pensam de mim.

A ILUSÃO DO FALSO EU

Um exemplo talvez ajude a esclarecer esses falsos jeitos de ser. Embora eu preferisse contar a história de outra pessoa, a minha é a que conheço melhor.

A raiz de meu falso eu foi descobrir na infância que sendo um bom menino eu recebia amor. Naturalmente, aprender a interpretar "bom" levou algum tempo. O falso nunca se estabelece da noite para o dia! Com o tempo, entretanto, a interação da dinâmica de minha família e de minha personalidade insinuou meios de encobrir meu eu nu e vulnerável com camadas sucessivas de realizações para assegurar o amor.

O problema era que essas estratégias funcionavam. Quanto mais eu realizava, mais parecia que as pessoas gostavam de mim. Consequentemente, fui ficando cada vez melhor como o menino ator de quem eu achava que as pessoas gostariam. Isso me deu alguma distância do abismo de me sentir um ninguém. Mais importante, deu-me um meio de ser não apenas um alguém, mas alguém especial. Tragicamente, isso me impediu de descobrir exatamente o quanto eu era simpático sem nenhum esforço para parecer bom. E me colocou em uma rotina de encenação.

Assegurar o amor gerando sucessos deixa a pessoa dependente da reação potencialmente volúvel dos outros. Ao olhar para trás, parece que acrescentei alguma coisa a isso quando mudava da procura de amor para a procura de respeito, algo que eu percebia inconscientemente tornava o estoque de amor ainda mais seguro. O respeito é conquistado, enquanto o amor é dado generosamente.

Meu investimento duradouro para ser respeitado é uma tentativa de controlar meu ambiente e garantir a sensação de ser especial, com que me viciei. Em meu falso eu a servidão é a servidão de ter de manter a ilusão. Não sou simplesmente um garoto superempreendedor. Não sou minhas realizações. As coisas que faço ou fiz não me tornam especial. De fato, a tentativa de me definir pelas minhas realizações é tão enfadonha quanto parece!

Minha busca compulsiva de realizações e do respeito das pessoas que são importantes para mim sufoca a vida do meu verdadeiro eu. Prende e inibe meu crescimento e restringe minha liberdade. É importante, para mim, lembrar que sou um ser humano, não uma realização humana. Meu valor está em quem eu sou, não no que faço ou em como sou visto pelos outros. Essa é a verdade da minha existência.

UMA BATALHA DIVINA COM O FALSO EU

Se Jesus era — como os cristãos creem – plenamente homem e plenamente Deus, também ele teve de brigar com o falso eu. Também ele deve ter sido tentado por falsos jeitos de ser e apegos excessivos a seu estilo pessoal. Em sua humanidade, sua identidade no amor do Pai não poderia ter sido óbvia desde os primeiros momentos de consciência quando era criança. Ele teve de se descobrir, e ao fazê-lo deve ter sido tentado por muitos falsos jeitos de levar a vida.

Sabemos que isso é verdade porque temos o registro de algumas dessas tentações. Pennington sugere que a conhecida narrativa da tentação de Jesus no deserto (Mt 4,1-11) é melhor entendida como suas lutas com três importantes falsos "eus" possíveis[7].

---

7. Ibidem, 33-34.

Depois de quarenta dias de jejum, Jesus deveria estar faminto. A primeira investida do tentador foi para que transformasse pedras em pães — tentação de poder. Jesus disse não ao convite para estabelecer sua identidade com base em sua ação, em especial fazendo alguma coisa que era independente da submissão à autoridade de Deus. Jesus tinha, observa Pennington, "um alimento melhor" — a Palavra de Deus (Mt 4,4).

Então o tentador convidou-o a se atirar da parte mais alta do Templo sobre as multidões embaixo, para que imediatamente o reconhecessem como Messias. Novamente Jesus rejeitou a tentação. Decidiu não basear sua identidade no prestígio. E ao fazê-lo, deu mais um passo para apoiar sua identidade no Pai, não no que as pessoas pensavam dele.

Finalmente, o tentador oferece-lhe todos os reinos do mundo. Mais uma vez Jesus rejeitou a oferta, recusando-se a encontrar sua identidade em posses. Ele se conhecia em termos de pobreza de espírito e da terna vontade do Pai. Sabia, portanto, que o poder era um pobre substituto para isso.

Jesus sabia quem ele era em Deus. Podia, portanto, resistir às tentações de viver a partir de um falso centro baseado em poder, prestígio ou posses. Ao resistir a esses falsos jeitos de ser, Jesus se movia em direção a uma identidade baseada em seu relacionamento com o Pai — identidade na qual seu chamado se tornava óbvio à medida que ele entendia quem ele realmente era.

Sair do esconderijo

Em todos os momentos e dias de nossa vida, Deus caminha em nosso jardim interior em busca de nossa companhia. A razão de Deus não nos achar é estarmos nos escondendo na selva de nosso falso eu. O chamado divino para nós é gentil e persistente: "Onde está você? Onde se esconde?"

Quanto mais nos identificamos com nosso eu construído psicológica e socialmente, mais profundamente nos escondemos de Deus, de nós mesmos e dos outros. Por causa da natureza ilusória do falso eu, a maior parte do tempo não temos consciência de estarmos nos escondendo. Sair do esconderijo requer que abracemos as vulnerabilidades que inicialmente nos fizeram correr para o esconderijo. Enquanto tentamos fingir que as coisas não são como são, optamos pela falsidade. O primeiro passo para sair da selva é sempre um passo em direção à sinceridade com nosso eu.

Todos temos tendência a moldar um deus que se adeque à nossa falsidade. Se meu falso eu se basear na imagem da retidão moral, eu me inclinarei a protegê-lo, moldando Deus à mesma luz. Ou se meu investimento é em uma imagem de mim mesmo cômica, espontânea e divertida, é quase inevitável que eu cultive uma imagem de Deus pintada com essas mesmas cores. Tendo primeiro criado um eu à nossa imagem, então partimos para a criação da espécie de deus que possa de fato nos criar. Essa é a perversidade do falso eu.

Sair do esconderijo é aceitar Deus nos termos divinos. Fazer isso é o único caminho para realmente sermos nosso eu único em Cristo.

Se é esse o seu desejo, reserve alguns momentos para fazer duas coisas.

Primeiro, peça a Deus que o ajude a perceber o que o faz sentir-se mais vulnerável e com mais vontade de correr para o esconderijo. Pode ser conflito. Ou talvez seja fracasso, dor, perturbação emocional ou perda de reputação. Permita-se sentir a angústia que estaria presente se você não evitasse essas coisas. Então, escutando o convite divino para sair da selva onde você se esconde, saia e deixe Deus abraçá-lo exatamente como você é.

Segundo, reflita em espírito de oração sobre a imagem de seu eu à qual você é mais apegado. Considere como gosta de pensar em si mesmo, do que você tem mais orgulho a seu próprio respeito. Peça a Deus que o ajude a perceber como você usa essas coisas para se defender de sentimentos de vulnerabilidade. E então peça a Deus que o prepare para confiar o bastante para se desfazer dessas folhas de figueira de seu estilo pessoal.

Há uma alternativa para o falso eu. E exige menos esforço e trabalho. O jeito de ser que se baseia em nossa vida em Cristo é um caminho de verdade que leva à nossa vocação e à nossa realização mais profunda possível.

seis

Transformar-se em seu verdadeiro eu

O verdadeiro eu é exatamente o oposto de tudo que descrevi como o falso eu. É quem você é de fato e quem você está se tornando. Não é algo que você precisa construir por um processo de autoaperfeiçoamento nem desconstruir por meio de análise psicológica. Não é um objeto para segurar. Nem é um arquétipo para ser realizado. Não é nem mesmo alguma parte interior, oculta, de você. É antes seu eu total como você foi criado por Deus e como você está sendo redimido em Cristo. É a imagem de Deus que você é — a face especial de Deus que foi separada para você desde a eternidade.

Não é procurando-o que encontramos nosso verdadeiro eu. Antes, nós o encontramos ao procurar Deus. De fato, como eu disse, ao encontrar Deus encontramos nosso eu mais verdadeiro e profundo. A pergunta antropológica (Quem sou eu?) e a pergunta teológica (Quem é Deus?) são fundamentalmente inseparáveis[1]. É perdendo nosso eu em Deus que descobrimos nossa verdadeira identidade.

---

1. Tam, Ekman, Message to the Wounded World. Unmask the True Self — Zen and Merton, *Religious Studies and Theology*, 17 (1998) 71-84.

Não há vida verdadeira a não ser pelo relacionamento com Deus. Portanto, não há nenhum verdadeiro eu a não ser por esse relacionamento. A base de nossa identidade consiste em nosso relacionamento vivificante com a Fonte da vida. Qualquer identidade que exista fora desse relacionamento é uma ilusão.

O falso eu	O verdadeiro eu
Segurança e importância obtidas pelo que temos, o que podemos fazer e o que os outros pensam de nós	Segurança e importância obtidas sendo profundamente amado por Deus
Felicidade procurada na independência de Deus e em apegos	Realização encontrada na entrega a Deus e em viver nossa vocação
A identidade é nosso eu idealizado (quem queremos que os outros pensem que somos)	A identidade é quem somos – e estamos nos tornando – em Cristo
Alcançado por meio de fingimento e prática	Recebido como dádiva com gratidão e entrega
Mantido por esforço e controle	Mantido pela graça
Abraça a ilusão como meio de tentar ser um deus	Abraça a realidade como o lugar de encontrar Deus e ser transformado por ele

Uma identidade fundamentada em Deus

Uma vez que o verdadeiro eu só existe em relação a Deus, vemos a expressão mais clara disso na pessoa única que viveu a vida toda estrita e consistentemente em relação a Deus — Jesus. Jesus é o Verdadeiro Eu que por sua vida nos mostra como encontrar nosso eu em relação a Deus. O eu que encontramos oculto em Cristo é nosso verdadeiro eu, porque Cristo é a fonte de nossa vida e a base de nossa verdadeira identidade (1Cor 15,22).

Ninguém nasce com uma identidade, e Jesus não foi exceção. Algumas pessoas temem que o exame da humanidade de Jesus comprometa sua divindade. Ser verdadeiro homem e verdadeiro Deus, no entanto, significa que ele era plenamente humano[2]. E ser verdadeiramente humano significa que, como todos os seres humanos, ele tinha de descobrir quem ele era. Até Jesus teve de encontrar seu caminho, seu eu. O que sabemos sobre como ele fez isso?

Os Evangelhos nos revelam notavelmente pouco a respeito de sua infância. Além de algumas narrativas de visitas durante a primeira infância e os movimentos da família de ida e volta do Egito, só apresentam um evento nos trinta anos aproximados entre seu nascimento e batismo no qual suas ações são descritas — a visita ao Templo aos doze anos. Antes de examinar esse evento, vamos especular sobre como deve ter sido ser Jesus nos anos que antecederam esse incidente público.

Todas as crianças se descobrem primeiro em relação aos pais. Jesus não foi diferente. Maria era uma mulher diferente de todas as outras — "cheia de graça" divina e "bendita entre as mulheres" (Lc 1,28.42). Sua humilde entrega à vontade de Deus — "Seja-me feito segundo a tua palavra" (Lc 1,38) — preparou o terreno para Jesus aprender sobre a vida vivida em relação a Deus. E, sem dúvida, com o tempo Jesus começou a interiorizar a firme confiança de Maria na fidelidade do amor divino. Com o tempo, Jesus também assimilou a profunda convicção de Maria de que ele era o "Filho do Altíssimo" (Lc 1,32). Ele cresceu ouvindo as narrativas dos acontecimentos notáveis de seu nascimento e de seus primeiros anos. Ouviu falar das visitas dos pastores e dos magos e das profecias de

---

2. Lucas 2,40.52 confirma os aspectos do desenvolvimento da vida de Jesus que nos asseguram que ele era, de fato, humano.

Simeão e Ana no dia em que foi circuncidado. Sabia que a família o considerava o salvador havia muito prometido e esperado, o Cristo que traria a salvação para Israel e luz para os pagãos (Lc 2,32).

Jesus poderia responder a essas expectativas desenvolvendo um senso presunçoso de direito merecido que o levaria a ser senhor absoluto dos parentes, dos amigos e até dos pais. Ser o Filho de Deus poderia ser um passo em falso de proporções desastrosas, mas não vemos isso. Ao contrário, seu senso emergente de ligação fundamental com Deus levou-o a uma amável dependência de Deus e entrega a ele. O evento aos doze anos nos deixa entrever o que estava se desenvolvendo a essa altura.

Como registrado em Lucas 2,41-50, esse incidente girou em torno da viagem anual de Jesus e sua família ao Templo para a festa da Páscoa. Quando a festa terminou, Maria e José saíram com a caravana familiar pensando que Jesus estivesse com os primos. Um dia depois, ao descobrirem que ele não estava no grupo, voltaram a Jerusalém para procurá-lo. Depois de três dias de busca em pânico, finalmente o encontraram no Templo, "sentado no meio dos doutores, escutando-os e fazendo-lhes perguntas" (Lc 2,46).

Aparentemente surpreendido com a preocupação dos pais, Jesus respondeu de um jeito que revelou muito de seu entendimento de quem ele era: "Por que me procuráveis? Não sabíeis que devo me ocupar com as coisas de meu Pai?" (Lc 2,49).

Jesus veio a pensar sobre si mesmo em relação não apenas a pais terrenos, mas a seu Pai celeste. E ele começava a entender que este último aspecto mais fundamental de sua identidade era o solo do qual deveria surgir seu chamado. Começava a entender que as coisas de seu Pai eram suas coisas, as prioridades de seu Pai, suas prioridades.

Mais tarde Jesus perguntou aos discípulos quem as pessoas diziam que ele era (Mt 16,13-20). Essa seria uma pergunta perigosa se ele já não tivesse sido claro na resposta. Jesus não aceitou simplesmente a identidade que os outros lhe ofereceram. Se fizesse isso, ele seria, como nós, puxado em muitas direções diferentes.

Judas, entre outros, tinha esperança de que ele fosse um salvador político da opressão dos romanos. Outros o viam como profeta. Essas e muitas outras identidades potenciais estavam todas disponíveis como distrações do verdadeiro eu de Jesus. Mas ele não pensou nas expectativas dos outros para entender quem ele era. Em vez disso, pensou em seu relacionamento com Deus.

A clareza de pensamento e ação que mais tarde caracterizaria o ministério público de Jesus surgiu de seus anos de preparação na solidão e no anonimato. A essência desse preparativo era encontrar Deus no lugar secreto de seu eu interior. Foi pelo encontro com Deus em lugares de solidão que Jesus descobriu sua identidade e cresceu em intimidade com ele.

Jesus glorificou Deus sendo ele mesmo — profunda, verdadeira e consistentemente. Thomas Merton diz que "ser santo significa ser eu mesmo"[3]. Santidade é encontrar nosso eu oculto e verdadeiro em Cristo e viver a vida que flui desse eu em submissão à vontade e à presença amorosa de nosso Pai celeste. Nisso Cristo guia muitos filhos e filhas ao Pai e à liberdade de ser nosso verdadeiro eu.

Vocação

No entanto a identidade não é estável. Sempre dá orientação ao modo como levamos a vida. A descoberta de nosso verdadeiro eu não produz apenas liberdade: também gera vocação.

---

3. Merton, Thomas, *New Seeds of Contemplation*. New York: New Directions, 1961, 32.

Vocação é a palavra mais antiga, mais teologicamente enraizada para o que hoje às vezes dizemos ser um "chamado". Ambas nos indicam a mesma direção — para o propósito de existência que se baseia em Deus em vez de em nosso eu. Como nosso eu, nossa vocação só é entendida em relação Àquele Que Chama. Entendemos o chamado divino para nós em vários níveis. Primeiro, somos chamados a sermos seres humanos. Em *Becoming Human*, Jean Vanier nos lembra da importância desse chamado para descobrir e viver nossa humanidade compartilhada e a descreve como "viagem da solidão a um amor que cresce no pertencimento e por meio dele", um amor que "nos libera de compulsões egocêntricas e mágoas interiores [...], que encontra sua realização no perdão e no amor por aqueles que são nossos inimigos"[4]. Isso, e nada menos, é o que está envolvido no chamado para nos tornarmos verdadeiramente humanos.

Um segundo nível do chamado é para sermos cristãos. Este nível se fundamenta no primeiro, mostrando-nos o caminho para a realização de nossa humanidade. O seguimento genuíno de Cristo sempre nos fará mais, e não menos, humanos. Se não o fizer, saberemos que alguma coisa está seriamente errada. Jesus Cristo, o perfeito Deus-Homem, transpõe o abismo entre Deus e a humanidade. Tornando-se verdadeiramente humano, Jesus nos guia para a realização de nossa humanidade. Sendo verdadeiramente Deus, ele nos guia para Deus.

Também podemos pensar em nosso chamado em termos de nossa missão no mundo, o modo de viver nossa singularidade dentro do chamado mais geral para sermos verdadeiramente humanos enquanto seguimos Jesus em direção à união com Deus. Gordon Smith observa que — muito maior que a carreira, o emprego ou a ocupação — nosso chamado único

---

4. Vanier, Jean, *Becoming Human*. Toronto: Anansi, 1998, 5.

baseia-se em nossos dons e capacidades, origina-se de nossos desejos mais profundos e sempre envolve alguma resposta às necessidades do mundo[5].

O conceito cristão de vocação deriva seu sentido da crença em "um Deus criador que molda a humanidade e toda a natureza com desígnio amoroso, buscando o florescimento e a realização de todas as coisas criadas"[6]. Nosso chamado é, portanto, o jeito de ser que é melhor para nós e melhor para o mundo. É o que Frederick Buechner quer dizer quando declara que "o lugar ao qual Deus o chama é o lugar em que sua profunda alegria e o profundo desejo ardente do mundo se encontram"[7].

Nossa vocação é sempre resposta a um chamado divino para assumirmos nosso lugar no reino de Deus. Nossa vocação é um chamado para servir a Deus e a nossos semelhantes da maneira característica, que se adapta à forma de nossa existência. De um jeito ou de outro, o chamado cristão sempre envolve o cuidado da criação e do povo de Deus. Isso nos realinha com o mundo criado e com nosso próximo, movendo-nos da exploração egocêntrica para o serviço e os cuidados abnegados.

A natureza comunitária do reino de Deus também atrai nossa atenção para o fato de descobrirmos nosso chamado — e, como já mencionado, nosso verdadeiro eu — em comunidade. Aqui, com a ajuda de outros que nos conhecem bem, aprendemos a discernir nossos dons e a encontrar nossa voz e nossa vocação autênticas. Somos todos chamados ao seguimento de Cristo e ao serviço amorável de Deus e do próximo. Mas o chamado específico que está enraizado em

---

5. Smith, Gordon, *Courage and Calling. Embracing Your God-Given Potential*. Downers Grove, IL: InterVarsity Press, 1999, 33-55.

6. Campbell, Alastair, *Paid to Care*. London: SPCK, 1985, 17.

7. Buechner, Frederick, *Listening to Your Life*. San Francisco: HarperSanFrancisco, 1992, 186.

sua identidade, dons e personalidade únicos, é encontrado à medida que você vem a conhecer Deus e você mesmo na comunidade cristã.

Viver separado da sensação de ser chamado por Deus é levar uma vida orientada apenas para as escolhas de quem queremos ser e o que queremos fazer. O chamado traz liberdade e realização porque nos orienta para algo maior que nós mesmos.

Uma vocação fundamentada na identidade

Exatamente como teve de elaborar sua identidade, Jesus também teve de discernir seu chamado. Como nós, ele enfrentou a necessidade de elaborar com Deus a verdade de sua existência. Vimos como isso se desenvolvia aos doze anos. O vislumbre seguinte que os Evangelhos proporcionam de Jesus aconteceu aproximadamente dezoito anos mais tarde, quando ele se apresentou ao primo João para o batismo. Aqui começamos a ver o desenrolar de sua vocação.

João não se alegrou com a ideia de batizar Jesus. Havia tempo ele considerava Jesus o Messias e sentia seu chamado como aquele que preparava o caminho para Jesus. Ele argumentou que Jesus devia batizá-lo, não o contrário. Jesus insistiu: "Deixa estar por enquanto", disse, "porque assim é que convém cumprirmos toda a justiça" (Mt 3,15). João cedeu e batizou Jesus.

Para mim, o aspecto mais notável desse relato é a humildade de Jesus. Ele sabia que era sem pecado e não precisava do batismo de arrependimento, mas o envolvimento nas coisas de seu Pai incluía satisfazer as exigências da justiça. Aqui não estava nenhum megalomaníaco, incapaz de curvar-se para se submeter ao primo modesto e um tanto excêntrico. Porém, ele podia submeter-se ao primo porque em primeiro lugar estava preparado para submeter-se à vontade de Deus. Nada importava mais que isso.

O caminho do verdadeiro eu é sempre o caminho da humildade. Orgulho e arrogância nos movem em direção a nosso falso eu, mas humildade e amor nos permitem viver a verdade de nossa existência. Jesus estava a caminho de conhecer seu chamado, porque ele era perfeita e completamente o Verdadeiro Eu.

Talvez o mais revelador dos relatos evangélicos do entendimento que Jesus tinha de sua vocação seja o apresentado em Lucas 4. Ao chegar em Nazaré nos primeiros dias de seu ministério, em um sábado, como era de seu costume, Jesus entrou na sinagoga. Levantando-se para a leitura, foi-lhe apresentado o rolo do profeta Isaías. Desenrolando-o, ele escolheu e leu estas palavras:

> O Espírito do Senhor está sobre mim;
> porque ele me consagrou com o óleo,
> para levar a Boa-Nova aos pobres;
> enviou-me para proclamar aos prisioneiros a libertação
> e aos cegos a recuperação da vista;
> dar liberdade aos oprimidos,
> e proclamar o ano de graça do Senhor. (Lc 4,18-19)

Quando terminou, todos os olhos na sinagoga fixaram-se em Jesus. A pergunta tácita na mente de todos era: *Quem é este homem que ousa tomar sobre si o manto do Messias?*

Jesus ouviu a pergunta tácita e respondeu-a de modo direto e chocante: "Hoje se cumpre esta passagem da Escritura que acabais de ouvir" (Lc 4,21).

Como Jesus veio a descobrir que ele seria o cumprimento das promessas do Antigo Testamento? O que teria produzido uma confiança tão desconcertante a ponto de levá-lo a afirmar que o texto lido com tanta frequência nas sinagogas de todo o Israel referia-se a ele? A resposta está, em parte, no que ele fez nos dias que precederam esse notável incidente.

Essa afirmação audaciosa de vocação seguiu-se imediatamente aos quarenta dias da tentação de Jesus no deserto (Lc 4,1-13). O entendimento que Jesus tinha de sua vocação originava-se da luta com Deus, ele mesmo e o diabo na solidão do deserto[8]. Ao resistir às tentações de um falso eu baseado em poder, prestígio ou posses, Jesus escolheu sua verdadeira identidade como o Filho de Deus profundamente amado. Sua identidade não era um problema. É por isso que ele também não se perturbou com os críticos que tentaram depreciá-lo como sendo apenas o filho de José (Lc 4,22). Jesus sabia quem era seu Pai, e por isso sabia qual era seu chamado — fazer a vontade do Pai.

Nada era mais importante para o entendimento de Jesus de seu chamado do que fazer a vontade divina. Ao descrever uma dependência de Deus que poderia parecer morbidamente pueril, Jesus disse que nada poderia fazer por si mesmo, porque seu objetivo não era fazer a própria vontade, mas a vontade de Deus (Jo 5,30). Fazer a vontade divina era tão importante para quem ele era, que em outra ocasião ele descreveu seus parentes como sendo os que, do mesmo modo que ele, obedeciam à vontade do Pai. Esse parentesco de chamado era suficientemente forte para que — como no incidente no Templo aos doze anos — Jesus se arriscasse a ofender sua família natural afirmando a prioridade de sua família celeste. Para Jesus, nada assumia a primazia sobre a submissão à vontade amorosa do Pai, nem mesmo a subserviente obrigação de amor à família e ao próximo.

---

8. Benner, Juliet, comunicação pessoal.

Como o chamado de Jesus, nosso chamado é levar a vida na verdade e na dependência da amorosa vontade do Pai. Como era o caso de Jesus, o discernimento desse chamado deve sempre envolver a luta com Deus, nosso eu e o diabo na solidão de nosso deserto particular. E, como para Jesus, esse discernimento deve sempre ocorrer à luz das circunstâncias de nossa vida presente. Isso significa que a atenção ao chamado divino é uma questão para a vida toda.

O entendimento que Jesus tinha de seu chamado continuou a se desenvolver até o momento de sua morte. Ele predisse sua morte desde o início de seu ministério (Mc 8,31). Assim, em certo sentido não foi surpresa para ele vê-la se aproximando. Porém quando as coisas começaram a se fechar em volta dele no jardim do Getsêmani, pode ser que ele se visse duvidando de ter entendido corretamente a vontade divina. Talvez ele imaginasse: *Com certeza este não pode ser o plano divino! Com certeza a morte prematura logo depois de começar meu ministério público não pode ser a intenção eterna de minha existência!* Mas sem nunca vacilar, as palavras de Jesus foram as mesmas: "Entretanto, não se faça como eu quero, mas como tu queres!" (Mt 26,39). Sua confiança inabalável estava em Deus. Ele sabia que nada podia ser mais importante do que fazer a vontade divina. Era a razão pela qual ele estava na terra.

Com demasiada frequência pensamos no chamado divino (ou nossa vocação) unicamente em termos de o que fazemos. As pessoas falam de serem chamadas para o ministério ou de se sentirem chamadas para trabalhar no serviço de saúde ou no magistério. No entanto, embora sempre envolva agir, a vocação é muito mais que nossa ocupação. É a face de Cristo que desde a eternidade somos chamados a mostrar ao mundo. É quem somos chamados a ser.

VIVER A VERDADE DE NOSSA SINGULARIDADE

Quando adolescente, eu tinha o medo oculto que Deus me chamasse para ser missionário, como o tio em homenagem a quem fui batizado e como os heróis de minha família e de nossa Igreja que recebiam uma admiração muita visível. A vontade divina era apresentada mais em termos do que eu fizesse do que em termos de quem eu fosse. E o lugar no qual me mandavam procurar essa vontade era externo. Era a Bíblia.

Sem minimizar o valor da Bíblia para conhecer meu chamado, vim a entender um lugar ainda mais básico em que a vontade divina é comunicada para mim. É nos fatos de minha existência. Meu temperamento, minha personalidade, minhas capacidades, meus interesses e paixões, todos dizem alguma coisa a respeito de quem fui chamado a ser, não apenas quem sou. Se realmente creio que fui criado por Deus e convidado a encontrar meu lugar em seu reino, tenho de levar a sério o que Deus já revelou a respeito de quem sou.

Não imagino, por exemplo, que Deus me faça ser interessado por ideias e que eu não torne isso parte importante do lugar que sou chamado a preencher no reino. Os pensamentos sempre foram meus companheiros interiores. Busco o diálogo como um meio para examinar e organizar as partes imperfeitamente desenvolvidas de minha arquitetura interior. E sinto a atração de escrever como extensão disso. Do mesmo modo, meu interesse pelas pessoas — em especial para conhecê-las e entendê-las em suas complexidades — fazia parte de minha atração pela psicologia e subsequente interesse na direção espiritual. E meu interesse duradouro na dinâmica da alma é parte importante na busca de meu caminho em direção a um chamado para o cuidado da alma.

Meu chamado não é ser simplesmente conferencista, escritor ou psicólogo. É ser servo do reino de Javé. O caminho que devo percorrer baseia-se no eu que Deus criou. E esse eu me guia em direção ao entendimento e à promoção do bem-estar da vida interior das pessoas. É para isso que David Benner foi criado, é esse o contexto dentro do qual sou chamado a viver a verdade de minha existência na dependência de Deus.

Embora a primeira revelação de nosso chamado esteja nos fatos de nossa existência, é importante observar que a vontade divina para nós nem sempre resulta de nossos desejos. Jonas é um bom exemplo de alguém cujo chamado foi diametralmente oposto a seus desejos superficiais. Moisés não gostava de falar em público e Gedeão não se achava corajoso. Nem mesmo Jesus esperava ser crucificado! É a disciplina de fazer o que não queremos, mas sabemos que devemos fazer. Agir assim também é transformador.

Às vezes Deus chama as pessoas a uma causa que não se origina de suas capacidades nem de seus desejos mais superficiais, mas seu chamado está sempre em absoluta harmonia com nosso destino, nosso eu mais verdadeiro, nossa identidade e a forma de nossa existência.

Todos somos chamados a viver a verdade de nossa singularidade. A criatividade divina nunca envolve uma linha de montagem de produção. Os resultados dos atos criativos divinos nunca são menos que obras de arte originais e verdadeiramente únicas. Você e eu não somos exceção.

Porém Deus não só nos cria em singularidade. Deus nos encontra em nossa singularidade. Pense, por exemplo, nos vários jeitos em que Jesus encontra pessoas nos Evangelhos. Algumas são simplesmente convidadas a segui-lo, outras são atraídas a um diálogo socrático, algumas recebem parábolas provocativas como respostas a perguntas, outras são curadas, algumas ouvem que seus pecados estão perdoados. Nunca há um padrão para encontrar Deus.

Deus nos encontra em nossa individualidade porque ele quer realizar essa individualidade. Quer que sigamos e sirvamos através dessa individualidade. Deus não busca aniquilar nossa singularidade enquanto seguimos Cristo. Ao contrário, seguir Cristo nos leva a nosso eu mais verdadeiro.

A vida espiritual de uma pessoa jamais deve ser cópia fiel da de outra. Pedro e João tinham personalidades muito diferentes e percursos transformacionais muito diferentes enquanto seguiam Jesus. Maria e Marta, duas irmãs que Jesus amava profundamente, expressaram seu amor por ele, cada uma de maneira única. E ele aceitou ambas, não censurando Marta por ocupar-se do serviço, apenas aconselhando-a a não se afligir ao fazê-lo (Lc 10,38-42).

A vontade divina para nós é que externemos a expressão harmoniosa de nossos dons, temperamento, paixões e vocação em sincera dependência de Deus. Nada menos que isso é digno de ser chamado nosso verdadeiro eu. Nada menos que isso levará à nossa mais profunda realização. E nada menos que isso nos permitirá mostrar ao mundo a face de Cristo que desde a eternidade fomos chamados a mostrar.

Nosso chamado, nossa realização

O caminho de Cristo para a autorrealização não é como qualquer caminho que poderíamos imaginar. Seu caminho envolve perder nossa vida para podermos encontrá-la, morrer para podermos viver. Seu caminho é sempre o caminho da cruz. A morte sempre precede a vida nova.

Nossa felicidade é importante para Deus e o que ele deseja para nós é infinitamente mais do que os sentimentos superficiais que surgem da busca direta da felicidade. O que ele quer nos dar é a alegria profunda que surge quando encontramos nosso eu em Cristo — isto é, sendo pobres de espírito, aflitos, humildes, famintos de justiça, misericordiosos, puros de coração, promotores da paz, perseguidos por causa do reino (Mt 5,1-10).

Nossa realização também é importante para Deus; mas o eu que ele quer realizar não é o eu de nossa existência autônoma. Nem é qualquer um dos falsos "eus" de nossa criação. É nosso eu mais verdadeiro e profundo.

Felicidade e realização são bênçãos que se originam da submissão à vontade amorosa de Deus. Ambas são idólatras se procuradas diretamente. Ambas também são facilmente uma distração de nosso verdadeiro destino, nosso chamado em Cristo. Este é o único eu no qual poderemos encontrar autenticidade absoluta.

É como vestir um vestido ou terno feito perfeitamente sob medida depois de usar roupas feitas para outras pessoas. Nosso eu em Cristo é um eu que serve perfeitamente, porque é o que somos completamente. É um eu que nos permite ser livres de toda ansiedade a respeito de como devemos ser e de quem somos. E nos permite ser completamente nosso eu — único não em virtude de nossos esforços pela individualidade, mas profundamente original apenas porque isso é quem e o que somos.

O chamado de Deus para nossa realização é, portanto, um chamado para assumirmos nosso lugar em seu plano grandioso de restauração para fazer todas as coisas novas em Cristo. Nossa vocação fundamenta-se no eu que desde a eternidade Deus quis que fôssemos. Nosso chamado é para sermos esse eu, e então servirmos a Deus e a nossos semelhantes dos jeitos especiais que vão representar a realização desse eu. Nossa identidade não é apenas uma posse. É um chamado.

De modo paradoxal, nossa realização está na morte de nossos planos de realização. Também está na crucifixão de todos os nossos modos egocêntricos de viver longe da completa submissão a Deus. Não está, então, em nenhum dos lugares em que esperaríamos encontrá-la. O caminho de Cristo sempre vira nossos caminhos de ponta-cabeça, mas é só no mundo de ponta-cabeça do reino de Cristo que encontraremos o eu que desde a eternidade fomos chamados a ser e o Deus que fomos criados para servir. Só em Deus está a verdade de nossa existência.

O PRÓXIMO PASSO

As ideias e os ideais deste capítulo são grandes. Os cínicos pós-modernos zombam da ideia de haver um jeito de ser para cada um de nós que é verdadeiro; mas se nossa identidade fundamenta-se na Verdade, o eu que ali encontramos será para cada um de nós a verdade única que é nossa vocação.

Resta tornar práticos esses grandes ideais. Presumo que tendo lido até aqui, você já fez parte do trabalho preliminar de conhecer a si mesmo e a Deus, e de encontrar Deus em suas profundezas. Nenhum de nós jamais termina esse trabalho, por isso não deixe de continuar a ler só porque sabe que há mais trabalho a ser feito nessa área. Nem devemos jamais esperar até este trabalho ser completado para descobrir nossa vocação. O discernimento de nossa vocação é processo contínuo, dura a vida toda. É aprender a viver a verdade de nossa existência, não apenas preencher certos papéis ou alcançar certas expectativas.

Talvez você sinta que seu chamado tem sido claro por muitos anos. Talvez já tenha respondido ao chamado divino para alguma forma de ministério. Ou talvez sinta que já encontrou seu chamado em seu trabalho, e em algum ponto do futuro próximo reserve algum tempo para rever esse chamado com Deus — não para determinar se deve mudar o que faz, mas para ajudar a viver a verdade de sua vida com ainda mais foco e paixão. Períodos de revisão orante do chamado são de grande ajuda para manter nosso seguimento de Cristo personalizado, atualizado e em foco.

Por outro lado, talvez você ainda esteja lutando com o que é seu chamado na vida. Talvez sinta que em vez de uma revisão, você precisa que Deus revele final e claramente sua vocação. Nesse caso, siga as sugestões que se seguem com paciência. Lembre-se de não confundir sua vocação com seu trabalho ou carreira. E não presuma que já não está vivendo essa vocação. Muitas vezes, relembrar quem somos ajuda-nos a discernir quem somos chamados a ser.

Independente da confiança sobre seu chamado ou seu senso de progresso no desenvolvimento de seu verdadeiro eu, deixe-me sugerir duas coisas para uma revisão orante.

1. Reserve algum tempo para meditar sobre o relato evangélico da visita de Jesus ao Templo, aos doze anos (Lc 2,41-50). Conduza uma conversa imaginária com Jesus e lhe pergunte onde ele encontrou o sentido claro de sua identidade. Escute-o falar e observe-o agir. Veja o que aprende com o que ele conhece de si mesmo em relação a Deus. Depois, prossiga essa conversa com Jesus enquanto medita em sua declaração pública de seu chamado na sinagoga conforme relata Lucas 4,16-22.

2. Em espírito de oração, anote uma declaração de missão para sua vida. Reflita sobre sua vida até este ponto, revendo os fatos de sua existência e buscando discernir o chamado neles. Acrescente quaisquer orientações diretas de Deus que você acredita ter recebido. Comece sua declaração escrita com as palavras "Chamado a..." e deixe-a espelhar o que você sente ser a razão pela qual você foi criado e a face única de Cristo que você foi chamado a ser. Discuta isso

com alguém que o conhece bem e em quem você confia, recorrendo ao ponto de vista dessa pessoa, mas sem adotá-la como seu, a menos que isso se confirme por meio de oração e reflexão cuidadosa.

Epílogo

A identidade e o itinerário espiritual

A espiritualidade cristã é um itinerário transformacional. Consiste em revestirmo-nos da mente e do coração de Cristo, visto que o reconhecemos como a verdade mais profunda de nossa existência. Não é apenas tornarmo-nos como Cristo, mas pôr em prática o Cristo que está em nós. É percurso em direção à união com Deus. E se essas coisas não desafiam, e por fim não transformam até os fundamentos de nossa identidade, ainda não avançamos muito neste percurso.

Identificar sua identidade

Nossa identidade é algo que aceitamos sem discutir. Talvez tenhamos alguma lembrança do quanto nos esforçamos para encontrar um jeito de ser no mundo quando éramos adolescentes e presumimos que quando nos acomodamos no início da idade adulta o problema de nossa identidade ficou para trás. Isso confunde nossa imagem com nossa identidade. Nossa imagem é como queremos que os outros nos vejam. Nossa identidade é como vemos e entendemos nosso eu, e ela continua a se desenvolver durante toda a vida. Se não mantivesse alguma fluidez, a transformação de nosso eu não seria possível. Entretanto, como em essência a transformação humana é a transformação da identidade, todas as outras mudanças que fazem parte do itinerário transformacional fluem dela.

E o que é nossa identidade em qualquer tempo? Embora possa parecer uma tautologia, nossa identidade baseia-se nas coisas com as quais mais nos identificamos. Por exemplo, se nos identificarmos com o poder, nossa identidade se baseará em nossa ideia de poder. Ou se nos identificarmos com o sucesso, nossa identidade se baseará em nossa ideia de sucesso.

Para ter uma ideia de sua identidade, observe como você se apresenta aos outros. Talvez você se descreva em termos de trabalho, realizações, família ou crenças. Cada um desses termos por sua vez nos dá um instantâneo de sua identidade. Sem dúvida, cada um também reflete alguma coisa de sua imagem (como você quer que os outros o vejam), mas, mais importante, cada um proporciona uma boa oportunidade para perceber como você se vê.

Quando você põe sua identidade em foco e começa a observá-la com mais cuidado, também nota como ela reflete o que os psicólogos chamam de desidentificações — isto é, pessoas com as quais você definitivamente não quer parecer. Quase sempre isso começa com um ou ambos os pais, mas não precisa se limitar à família nem à infância. Ao notar uma desidentificação, muitas vezes você ficará impressionado com a quantidade de energia e a força das emoções associadas a ela. Esse tipo de investimento de energia emocional sempre revela um forte apego — seja um apego de identificação seja de desidentificação. Ambos moldam de forma marcante a ideia que fazemos de nós mesmos.

Ao observar e refletir ainda mais profundamente sobre sua identidade, não raro você vai notar que ela se baseia em um fundamento ainda mais amplo. Em sua essência, a identidade padrão para a maioria dos ocidentais é a de um eu diferente. Com certeza, há um número infinito de lugares nos quais podemos estabelecer um limite entre o eu e o não eu. A separação extrema do eu envolve um profundo senso existencial de alienação e solitude. Isso é amenizado quando o limite é redesenhado para definir o eu em termos que levam em conta a família e os que compartilham meu gênero, minha orientação sexual, minha afiliação étnica, política, religiosa ou teológica ou outra coisa.

A transformação da identidade que descrevo, porém, quando falo da percepção que meu eu mais profundo é "Cristo-em-mim", é mais que uma expansão desses limites. Envolve algo muito mais profundo. Desafia a distinção entre eu e não eu com que todos nos inclinamos a viver. E desafia profundamente a ideia de separação que tipicamente forma o fundamento de nossa identidade[1].

A TRANSFORMAÇÃO DA IDENTIDADE

O itinerário para Deus que está no centro do seguimento de Cristo leva à descoberta que o fundamento de nossa própria existência é nossa existência em Deus. Reconhecemos cada vez mais a inextricável ligação de nosso eu em Deus e do eu divino em nós. Isso não significa nem que perdemos nosso eu nem que nos transformamos em Deus. Significa tornarmo-

---

1. Ver Benner, David G., *Spirituality and the Awakening Self*. Grand Rapids: Brazos Press, 2012, para uma discussão mais ampla sobre a transformação da identidade.

nos cada vez mais plenamente a verdade de nossa existência em Deus. Embora não seja Deus, nosso eu é o lugar em que encontramos Deus. Não há, portanto, nenhuma transformação espiritual genuína se buscamos algum lugar de encontro exterior. O lar pretendido por Deus é nosso coração, e é o encontro com Deus no fundo de nossa alma que nos vira ao avesso. É por isso que o eu é tão importante no itinerário transformacional cristão; ele deve ser encontrado, não ignorado. Se é para se transformar, deve ser abraçado e conhecido profundamente.

Há quem aborde a espiritualidade cristã como uma busca para conhecer Deus, mas isso é só parte da história. A história completa exige que nosso foco seja tanto conhecer a verdade de nosso eu quanto conhecer a verdade de Deus, e o conhecimento do eu que está envolvido na espiritualidade cristã é o conhecimento do eu em relação a Deus. E o conhecimento do eu divino que está no centro transformacional da espiritualidade cristã é o conhecimento de Deus em relação ao meu eu.

O mistério do evangelho cristão é que nosso eu mais profundo, mais verdadeiro, não é o que pensamos ser nosso eu separado, mas o eu que é um com Cristo. É a razão pela qual o eu que inicia o itinerário do seguimento de Cristo não é o eu que chega. O eu que começa o percurso espiritual é o eu de nossa criação, o eu que nós julgávamos ser. É o eu que morre no caminho. O eu que chega é o eu que foi amado para existir pelo Amor Divino. É a pessoa que desde a eternidade fomos destinados a ser — o eu que está oculto no "EU SOU".

Continuando o percurso

Enquanto relembra, espero que você veja como o eu que começou seu percurso não é o eu que agora o continua. Também espero que você tenha passado a conhecer melhor o "EU

SOU" e o seu próprio "eu que está oculto em Cristo". E já que está lendo este livro, acredito que continue disposto a participar deste itinerário transformacional tão plenamente quanto pode.

Portanto, deixe-me apresentar algumas palavras finais de conselho para ajudá-lo a fazer isso.

1. Reserve algum tempo para refletir no que aprendeu sobre você mesmo e Deus por meio do processo deste livro. Muitas pessoas me dizem que fazem uma segunda leitura bem mais devagar, e não raro uma terceira ou quarta. Torne essas leituras subsequentes (mesmo que sejam só uma revisão de seus destaques ou comentários marginais) mais contemplativas e menos sobre aquisição de conhecimento. Deixe o Espírito guiá-lo àquilo que o deve alcançar, e não ao que você deve alcançar. Deixe espaço para refletir no que o alcança e pondere de forma orante sua resposta.

2. Fique atento a oportunidades de conversar sobre suas descobertas com alguém em quem você confia. Se não está lendo o livro para se preparar para um grupo de discussão preestabelecido, veja se pode encontrar algumas outras pessoas que se juntem a você nessa discussão. Dê-lhes tempo para uma primeira leitura enquanto você faz uma revisão do livro e das perguntas de reflexão no Apêndice, e então se encontrem em grupo para ajudar cada um de vocês a assimilar o livro e, mais importante, apoiar-se mutuamente para responder aos convites que o Espírito lhes faz.

3. Faça sua a oração de Santo Agostinho: "*Novem te, novem me*" (Que eu te conheça, que eu me conheça)[2]. É uma oração profundamente cristã, porque nos leva ao centro do itinerário transformacional cristão. Fique atento a opor-

---

[2]. Santo Agostinho, apud Pourrat, Pierre, *Christian Spirituality in the Middle Ages*. London: Burns & Oates, 1924, 291.

tunidades de progredir nos dois conhecimentos todos os dias. Reserve um tempo no fim de cada dia para refletir, e então observe suas reações às experiências do dia. Observe também os movimentos em seu espírito durante o dia e os humores e outras mudanças sutis em sua experiência interior. Reflita sobre eles em oração, pedindo ao Espírito de Deus que o ajude a ver onde Deus estava nesses momentos e experiências. Peça também a ajuda do Espírito para entender os convites que Deus lhe fez para o conhecimento mais profundo de seu eu e do eu divino por meio de cada um. E então termine cada tempo de breve ponderação orante com agradecimentos a Deus pelas dádivas de presença deste dia.

4. O desenvolvimento de sua própria presença é outro meio poderoso no qual você vem a conhecer melhor a si mesmo e a Deus. Não pense na presença como um tempo para pensar em seu dia ou analisar seu eu, mas como um tempo para deixar de pensar e apenas estar presente. A presença para alguma coisa ou alguém começa com a presença para seu eu. A presença que você experimenta envolve sempre a participação na Presença que é o fundamento no qual você existe e que possibilita toda pequena dádiva de presença que você recebe. Deus está sempre presente, e sua presença — mesmo quando você não está pensando em nada, nem em Deus — é presença para a Presença Divina. Como os tempos de presença intencional envolvem o sossego da mente (em especial seus pensamentos), envolvem também um grau mais alto de abertura para o conhecimento contemplativo. A presença é o lugar em que experimentamos esse conhecimento mais profundo. É, portanto, o lugar em que encontramos nosso eu, e também Deus, de maneiras menos tumultuadas por ideias preconcebidas e julgamen-

tos. É um lugar no qual encontramos nossa existência e o Fundamento de Toda Existência.

5. Meditação ou contemplação é a prática da presença[3]. Assim, se você já pratica a oração contemplativa ou tem outras práticas contemplativas ou meditativas, já pratica a presença. Todas o levam aos lugares mais profundos dentro de seu eu em que você conhece a si mesmo e a Deus, não apenas aprende a respeito deles. Dê espaço para esse conhecimento contemplativo que acompanha a presença. Sem ele, seu conhecimento das coisas que examinamos neste livro será sempre superficial e limitado. Com ele, você dá consentimento aos níveis mais profundos de transformação que examinamos nestes dois primeiros livros da trilogia e que serão nosso enfoque no terceiro livro, *Desejar a vontade de Deus*, no qual examinaremos a transformação da vontade e do desejo.

6. É muito importante que você não comece a pensar nestas coisas que eu o incentivo a fazer como meios de gerar conhecimento de seu eu ou de Deus. Isso seria uma volta à espiritualidade de autoaperfeiçoamento. O que você atrai seguindo estas sugestões é a graça do conhecimento. Este é sempre uma dádiva divina. Mas você tem de apresentar-se para receber e abrir este presente. Portanto, minhas sugestões são simplesmente meios para você voltar-se com sinceridade para a Graça. São modos de dar seu consentimento ao influxo de Graça que você procura. São coisas que os cristãos têm feito em toda a rica história de nossa tradição quando procuram abrir-se para Deus a fim de conhecer a si mesmos e a Deus. São, portanto, práticas espirituais nas quais se pode confiar.

---

3. Ver Benner, David G., *Presence and Encounter*. Grand Rapids: Brazos Press, 2014, para saber mais sobre a natureza da presença e sobre direcionamentos práticos para seu cultivo.

Apêndice

Para reflexão e discussão

Ninguém chega muito longe no caminho da espiritualidade cristã sem duas coisas — espaço para reflexão contemplativa e compromisso com os outros que partilham o itinerário. Já introduzi algo do primeiro, dando sugestões para reflexão no fim de cada capítulo. Foi um jeito de incentivar a reservar o tempo necessário para pensar no que foi lido.

Agora que você terminou o livro, deixe-me convidá-lo mais uma vez a reservar um tempo para refletir no que leu, pois apresento perguntas e sugestões apropriadas para indivíduos e grupos. Organizei-as em torno de dois tipos de grupos. O primeiro é um grupo que se encontra para seis sessões de quarenta e cinco minutos, examinando em cada sessão um ou mais capítulos. Segue-se uma estrutura sugerida para um grupo que se encontra apenas uma vez durante setenta e cinco a noventa minutos para uma análise do livro como um todo. Se utiliza este Apêndice para sua reflexão, e não pretende fazer parte de uma discussão em grupo, você pode recorrer a qualquer um desses conjuntos de perguntas.

Guia para uma discussão em seis sessões de *O dom de ser você mesmo*

— *Primeira sessão* —

Prefácio: Identidade e autenticidade *e* Capítulo 1: Conhecimento transformacional de si mesmo e de Deus

1. Ao se preparar para esta primeira sessão, deixe-me sugerir que você volte ao prefácio e ao capítulo 1 e anote suas citações favoritas. Talvez você já tenha feito isso marcando o livro; mesmo assim, eu o aconselho a marcar as duas ou três seleções que mais o afetaram. Quando se apresentar aos outros no início desta primeira sessão, compartilhe a citação que o afetou mais profundamente, e conte ao grupo como reagiu a ela.

2. Deixe-me levá-lo de volta à epígrafe no começo deste livro. É uma citação de Thomas Merton: "Só há um problema do qual dependem toda a minha existência, minha paz e minha felicidade: descobrir a mim mesmo ao descobrir Deus. Se eu o encontrar, encontrarei a mim mesmo, e se eu en-

contrar meu verdadeiro eu, encontrarei Deus". O que você diria ser a única coisa da qual dependem sua existência, paz e felicidade? O que torna difícil para você acreditar no que Merton diz nesta citação? Que diferença faria em sua vida se o que ele diz fosse verdade?

3. O prefácio sugere: "Corpo e alma contêm milhares de possibilidades com as quais você pode construir muitas identidades, mas só em uma delas você encontrará seu verdadeiro eu que está escondido em Cristo desde toda a eternidade. Somente em uma delas você descobrirá sua vocação especial e sua realização mais profunda". Você concorda que tem uma identidade oculta, identidade que não é sua para desenvolver, mas sim descobrir, e que essa identidade é seu eu em Deus? Quais são as identidades alternativas nas quais você foi mais investido? Dag Hammarskjöld afirma que você nunca descobrirá isso "enquanto não excluir todas as possibilidades superficiais e transitórias de ser e fazer com as quais você brinca por curiosidade, deslumbramento ou ganância, e que o impedem de se fixar na experiência do mistério da vida". O que isso fala à sua busca da verdade de sua existência?

4. Você concorda que a procura de nossa singularidade é busca sagrada que tem um lugar importante a ocupar na espiritualidade cristã? Por que essa noção é uma ameaça a alguns cristãos que parecem presumir que quando nos tornamos mais semelhantes a Cristo, nos tornamos mais semelhantes uns aos outros? Como você tentaria conciliar essas duas posições?

5. Sugiro no capítulo 1 que a transformação do eu só ocorre quando Deus e a pessoa são conhecidos profundamente. Apresente um contra-argumento com base na possibilidade da transformação do eu só ser possível pelo conhecimento

profundo de Deus. Então identifique as consequências de deixar o eu fora da espiritualidade cristã. Que perigos você vê em concentrar-se em Deus sem conhecer seu eu?

6. Quanto de seu conhecimento de Deus é "conhecimento sobre" (objetivo, impessoal) em oposição a "conhecimento de" (subjetivo, pessoal, relacional)? Como você descreveria a diferença entre os dois? Qual é o valor do "conhecimento sobre" e quais são suas limitações? Qual é o valor do "conhecimento de" que se origina de um relacionamento com o objeto que é conhecido e que limitações (se é que existe alguma) poderiam ser associadas a ele?

7. No capítulo 1, releia a discussão encontrada na seção "O conhecimento transformacional de Pedro" sobre o percurso espiritual petrino e o lento processo de transformação que envolveu, e reflita em como ele combina ou não combina com seu percurso. O que você aprende com ele? O que lhe sugere sobre o entrelaçamento do conhecimento profundo de seu eu e de Deus?

8. O que você preparou para citar como experiência pessoal, direta de Deus? Como ocorreu e o que envolveu? O que aprendeu sobre si mesmo como resultado de encontros experimentados com Deus? E o que sabe sobre Deus como resultado do genuíno encontro com seu eu?

— *Segunda sessão* —

CAPÍTULO 2: CONHECER DEUS

1. Ao se preparar para esta sessão, deixe-me mais uma vez sugerir que volte ao capítulo 2 e identifique suas citações

favoritas. Para começar esta segunda sessão, compartilhe sua conclusão mais importante da primeira sessão e a citação do capítulo 2 que o afetou mais profundamente — e como reagiu a ela.

2. Releia a experiência e os anseios de Vicki descritos no início deste capítulo. O que sabe de seu anseio? E o que sabe de sua frustração pela falta de realização desse desejo profundo? O que você lhe diria se fosse sua amiga ou participasse de sua discussão em grupo do livro?

3. Neste capítulo, sugiro que "Deus não deixou de ser Revelação mais do que deixou de ser Amor". Você concorda que Deus continua a se revelar? Pense no que isso significa para os seres humanos hoje. Qual é a relação entre o que foi revelado de Deus no passado e o que sabemos direta e pessoalmente de Deus agora? Como podemos conhecer Deus, não só conhecer sobre Deus? Leve ao grupo seus pensamentos e dúvidas a esse respeito, enquanto se preparam para discutir as consequências de seguir esse Deus que se revela.

4. Como conhecer Deus difere de conhecer os seres humanos? De que maneiras é similar? Que exigências especiais o conhecimento de Deus impõe aos seres humanos?

5. Os que mais sabem sobre o conhecimento pessoal direto de Deus (os místicos) nos dizem que, porque Deus é amor, Deus só é conhecido no amor e pelo amor. O que significa conhecer Deus por meio do coração (pelo amor), não apenas por meio da mente (por pensamentos e crenças)? O que melhor descreve o que você sabe? O que você sabe das limitações do conhecimento objetivo de Deus? Como o conhecimento objetivo de Deus poderia incentivar o conhecimento experimental pessoal?

6. Recorde a citação de Thomas Merton que compartilho neste capítulo: "devemos conhecer a verdade, amar a verdade que conhecemos, e agir conforme a medida de nosso amor. A verdade é o próprio Deus, que não pode ser conhecido a não ser pelo amor, e não pode ser amado a não ser pela entrega à sua vontade". Você concorda? Se não concorda, por que não? Qual é o papel da entrega e do amor no conhecimento de Deus?

7. Qual foi sua experiência durante o exercício de meditação evangélica que sugeri para Marcos 10,17-22? Se ainda não o fez, releia a passagem e dedique-se a ela como meditação guiada. Que valor pode haver neste tipo de meditação como um jeito de se dedicar a Jesus, e por meio dele conhecer Deus? O que, se há algo, torna-o desconfortável quanto ao uso dos sentidos e da imaginação neste tipo de reflexão orante sobre uma narrativa evangélica?

8. Por que é difícil perceber a presença divina junto a você em meio aos acontecimentos normais de seu dia? Que coisas o ajudam a percebê-la? O que você descobriu quanto à presença divina com você até mesmo em tempos de acontecimentos dolorosos, trágicos ou indesejáveis?

— *Terceira sessão* —

CAPÍTULO 3: PRIMEIROS PASSOS PARA CONHECER A SI MESMO

1. Ao se preparar para esta sessão, deixe-me mais uma vez sugerir que volte ao capítulo 3 e identifique suas citações favoritas. Para começar esta terceira sessão, compartilhe sua conclusão mais importante da segunda sessão e a citação

do capítulo 3 que o afetou mais profundamente — e como reagiu a ela.

2. Qual é seu eu conhecido por Deus? Você concorda que esse seja o eu que deveríamos pôr em prática ao buscarmos conhecer nossa verdade? O que você faz para conhecer esse eu — não como abstração teológica em que se deve acreditar, mas como a verdade de seu eu a ser percebida?

3. Você acredita que Deus o ama e conhece com compreensão, persistência e intensidade em sua individualidade pessoal? Nesse caso, olhar nos olhos divinos implicaria ver seu reflexo devolvido — igual a uma criança pequena que olha fixamente o rosto adorável do pai ou da mãe. O que faz com que seja difícil para você olhar nos olhos divinos e ver-se refletido neles? O que ajuda a tornar isso possível?

4. Neste capítulo sugiro que uma identidade fundamentada em Deus significa que quando pensamos em quem somos, a primeira coisa que nos vem à mente é nossa posição como alguém que é profundamente amado por Deus. Isso é verdade a seu respeito? Quando observa o que lhe vem à mente quando pensa em si mesmo, o que você aprende sobre sua identidade? O que o impede de conhecer seu eu em Deus?

5. Releia a seção "Saber que você é profundamente amado", na qual analiso a identidade de Jesus. O que você aprende sobre como fundamentar sua ideia de si mesmo em Deus refletindo em como Jesus fez isso?

6. Como encontrar Deus na vulnerabilidade de suas realidades atuais pode ajudá-lo a conhecer melhor quem Deus vê quando olha para você? O que o ajudaria a se aproximar de Deus com mais dessa vulnerabilidade e mais sinceridade,

ousando esperar que Deus esteja com você em meio a essas realidades presentes das quais tenta fugir ou que tenta minimizar?

7. Como você está crescendo na aceitação e no abraço da sombra e de todas as partes de si mesmo que você instintivamente quer ignorar? O que o ajuda a acolher essas partes perdidas de si mesmo na família de "eus" que se entrelaçam em você?

8. Você concorda que não pode saber a verdade de seu eu sem primeiro aceitar as coisas sobre si mesmo que gostaria que não fossem verdade? Que dimensões ou partes de seu eu você tem mais dificuldade em reconhecer, mencionar e abraçar? Lembre-se que ousar mencioná-las para si mesmo e para os outros é um primeiro passo em sua aceitação delas; portanto, ouse dar esse passo. Como a Igreja (ou outra forma de comunidade espiritual) poderia fazer um trabalho melhor para nos ajudar a abraçar as partes aparentemente inaceitáveis de nós mesmos?

— *Quarta sessão* —

Capítulo 4: Conhecer-se como você realmente é

1. Ao se preparar para esta sessão, deixe-me mais uma vez sugerir que volte ao capítulo 4 e identifique suas citações favoritas. Para começar esta quarta sessão, compartilhe sua conclusão mais importante da terceira sessão e a citação do capítulo 4 que o afetou mais profundamente — e como reagiu a ela.

2. Reflita nesta citação de Thomas Merton: "Não há maior desastre na vida espiritual do que estar imerso na irrealidade, pois a vida é mantida e alimentada em nós por nossa relação vital com a realidade". Como você classificaria seu abraço da realidade? O que o impede de um total compromisso e aceitação de todas as realidades de sua vida atual? Que coisas o ajudam a mencionar e dar vazão às ilusões que atrapalham seu compromisso total com a realidade?

3. Em contraste com minha sugestão de que nossa identidade deve se basear no fato de sermos amados profundamente por Deus, alguns cristãos afirmam que nossa identidade de cristãos deve se fundamentar no fato de sermos pecadores. Que lado desta polaridade melhor se adapta às suas crenças? Reserve algum tempo para examinar essas opções de identidade dentro do grupo e avalie se sua teologia reflete e apoia adequadamente sua espiritualidade.

4. Neste capítulo afirmo que o pecado é mais uma questão de ontologia (existência) que de moralidade (comportamento). Ser humano é ser pecador. É sermos mercadoria quebrada, danificada, que carregamos dentro de nosso eu mais profundo uma imperfeição fundamental e fatal que mascara a bondade de nossa criação original. Você concorda? Se não concorda, por que não concorda? Como você definiria o pecado?

5. Releia a discussão do caso de Stuart apresentado na sessão "Chegando até o pecado por trás dos pecados". Como você entende os problemas essenciais dele? Como a história dele se adapta ao modo como você define o pecado? Como se adapta ao modo como você aborda seu percurso espiritual?

6. Onde você se vê na tipologia do Eneagrama, com base na leitura do que digo na seção "Ajuda antiga para aprofun-

dar o conhecimento de nosso pecado" ou em seu trabalho pessoal com ela? Que ajuda, se alguma, ela poderia oferecer (ou oferece) para você entender ou conhecer as dimensões ocultas de seu eu que precisam ser reconhecidas antes de serem integradas e então transformadas? Que outros instrumentos e processos você já utilizou que o ajudaram a se conhecer profundamente?

7. Termino este capítulo sugerindo que o genuíno autoconhecimento está disponível a todos que 1) sinceramente o desejam; 2) desejam refletir em oração sobre sua experiência, 3) têm a coragem de encontrar a si mesmos e a Deus na solidão. Trate cada um desses requisitos como uma escala de dez pontos e se classifique nessa escala em cada um dos requisitos. O que isso o ajuda a ver onde você está atualmente em seu itinerário transformacional?

8. Qual é o próximo passo que você se sente convidado a dar em seu percurso? Como você reage ao convite para dar esse passo?

— *Quinta sessão* —

Capítulo 5: Desmascarar seu falso eu

1. Ao se preparar para esta sessão, deixe-me mais uma vez sugerir que volte ao capítulo 5 e identifique suas citações favoritas. Para começar esta sessão, compartilhe sua conclusão mais importante da quarta sessão e a citação do capítulo 5 que o afetou mais profundamente — e como reagiu a ela.

2. Você concorda que tudo que é falso a nosso respeito se origina da crença que nossa maior felicidade surgirá se levarmos a vida do nosso jeito, não do jeito de Deus? Em caso negativo, que outras fontes de falsidade você identifica? Por que você duvida que Deus seja capaz de assegurar nossa felicidade? Em sua opinião, como essa dúvida leva à evolução e ao fortalecimento de um falso eu?

3. Como você quer que os outros o vejam? O que isso lhe diz quanto às suas suposições a respeito do que você acha que o fará feliz e realizado? Como essa imagem se tornou cada vez mais a mentira que com o tempo você passou a viver? Está preparado para diminuir seu apego a ela?

4. Basil Pennington sugere que a essência do falso eu é a crença que meu valor depende do que tenho e do que faço. Que dimensões adicionais de sua falsidade você identifica depois da reflexão orante sobre seu apego ao que tem e ao que faz? Como você largaria esse apego? O que teme ao fazer isso?

5. Qualquer coisa a que nos apegamos além de Deus representa um apego excessivo. Como você avalia seus apegos mais fortes? Quais deles refletem mais provavelmente algum grau de apego excessivo (ou desordenado)? O que o mantém agarrado a eles? Como eles representam meios de lidar com os sentimentos de vulnerabilidade, vergonha e incapacidade que estão no centro de nosso falso eu?

6. Observe seus padrões de sensibilidade e reação além do normal. Que ajuda eles lhe oferecem para entender melhor seus jeitos falsos de ser? Agora faça o mesmo com suas compulsões e vícios. Não se apresse em dizer que não tem compulsões nem vícios. Lembre-se, dinâmicas que viciam

caracterizam todos nós e estão no fundo de nossas compulsões.

7. Releia a narrativa da tentação de Jesus no deserto (Mt 4,1-11) e sua análise na seção "Uma batalha divina com o falso eu". O que a reflexão orante sobre a maneira como Jesus lidou com suas tentações à falsidade lhe oferece para considerar como lidar melhor com as suas?

8. Que convite do Espírito você experimenta para parar de se esconder de Deus — aceitando a si mesmo e a Deus nos termos divinos de amor incondicional? O que você está pronto a oferecer em resposta e esse convite?

— *Sexta sessão* —

CAPÍTULO 6: TRANSFORMAR-SE EM SEU VERDADEIRO EU E EPÍLOGO: A IDENTIDADE E O ITINERÁRIO ESPIRITUAL

1. Ao se preparar para esta última sessão, deixe-me mais uma vez sugerir que volte ao capítulo 6 e ao epílogo e identifique suas citações favoritas. Para começar esta última sessão, compartilhe sua conclusão mais importante da quinta sessão e a citação do capítulo 6 que o afetou mais profundamente — e como reagiu a ela.

2. O capítulo 6 sugere que no fim não encontramos a verdade de nosso eu pela análise e introspecção, mas perdendo nosso eu em Deus. Isso nos leva de volta à questão daquilo que bloqueia nossa entrega a Deus. Trabalhando no livro até este ponto, o que você identifica como seus bloqueios mais importantes para dar o passo seguinte dessa entrega?

Mencioná-los é um jeito de abraçar sua realidade presente, o que, por si só, é oração.

3. No capítulo 6, releia a seção "Uma identidade fundamentada em Deus" e reflita no que aprende quanto à maneira como Jesus fundamentou sua identidade em seu relacionamento com Deus. Não se apresse em descartar Jesus como modelo para nós aqui. Ele é o exemplo perfeito do que é ser verdadeiramente humano. O que você aprende ao refletir em como ele desenvolveu e manteve sua identidade fundamentada em Deus?

4. Como você entende seu chamado ou vocação? Como isso se relaciona com ser a verdade de seu eu? Como seu chamado pode se relacionar mais integralmente a ser e viver essa verdade?

5. No capítulo 6 releia a seção "Uma vocação fundamentada na identidade" e reflita em como Jesus relacionou sua vocação e sua identidade e considere como o modo dele viver a verdade de sua singularidade poderia ser o seu modo.

6. Como a verdade de sua identidade e de sua vocação poderiam fundamentar-se em seu conjunto único de dons, temperamento, paixões, interesses, curiosidades e profundos anseios? Refletir nisso é discernir a maneira como o chamado e o desejo divinos por você já estão depositados na singularidade de seu verdadeiro eu.

7. Reflita nos dons e convites que você sente que lhe vieram do Espírito de Deus por meio do estudo e do exame deste livro. Como você lhes responderá? Qual será seu próximo passo para dar um "Sim!" como resposta de todo o coração à dádiva de ser você mesmo?

Guia para discussão em uma única sessão de *O dom de ser você mesmo*

1. Ao se preparar para o estudo, deixe-me sugerir que você volte ao prefácio e ao capítulo 1 e anote suas citações favoritas. Talvez você já tenha feito isso marcando o livro; mesmo assim, eu o aconselho a marcar as duas ou três seleções que mais o afetaram. Venha preparado para se apresentar aos outros no início da reunião, compartilhando a citação que o afetou mais profundamente e como reagiu a ela.

2. A epígrafe no começo deste livro apresenta uma citação de Thomas Merton: "Só há um problema do qual dependem toda a minha existência, minha paz e minha felicidade: descobrir a mim mesmo ao descobrir Deus. Se o encontrar, encontrarei a mim mesmo, e se eu encontrar meu verdadeiro eu, encontrarei Deus". O que você diria ser a única coisa da qual dependem sua existência, paz e felicidade? O que torna difícil você acreditar no que Merton diz nesta citação? Que diferença faria em sua vida se o que ele diz fosse verdade?

3. Você concorda que a busca de nossa singularidade é busca sagrada que tem um lugar importante a ocupar na espiri-

tualidade cristã? Se concorda, por que essa noção é uma ameaça a alguns cristãos que parecem presumir que quando nos tornamos mais semelhantes a Cristo, nos tornamos mais semelhantes uns aos outros? Como você tentaria conciliar essas duas posições?

4. Quanto de seu conhecimento de Deus é o que descrevo no capítulo 1 como "conhecimento sobre" (objetivo, impessoal) em oposição a "conhecimento de" (subjetivo, pessoal, relacional)? Como você descreveria a diferença entre os dois? Qual é o valor do "conhecimento sobre" e quais são suas limitações? Qual é o valor do "conhecimento de" que se origina de um relacionamento com o objeto que é conhecido e em que limitações associadas a ele (se é que existe alguma) você pensaria?

5. Como conhecer Deus difere de conhecer os seres humanos? De que maneiras é similar? Que exigências especiais o conhecimento de Deus faz aos seres humanos?

6. Os que mais sabem sobre o conhecimento pessoal direto de Deus (os místicos) nos dizem que porque Deus é amor, Deus só é conhecido no amor e pelo amor. O que significa conhecer Deus por meio do coração (pelo amor), não apenas por meio da mente (por pensamentos e crenças)? O que melhor descreve o seu conhecimento dele e por quê? O que você sabe das limitações do conhecimento objetivo de Deus? Como o conhecimento objetivo de Deus poderia incentivar o conhecimento experimental pessoal?

7. Qual foi sua experiência durante o exercício de meditação evangélica que sugeri para Marcos 10,17-22? Se ainda não o fez, releia a passagem e dedique-se a ela como meditação guiada. Que valor pode haver neste tipo de meditação

como um jeito de se dedicar a Jesus e por meio dele conhecer Deus? O que, se há alguma coisa, torna-o desconfortável quanto ao uso dos sentidos e da imaginação neste tipo de reflexão orante sobre uma narrativa evangélica?

8. No capítulo 3 sugiro que uma identidade fundamentada em Deus significa que, quando pensamos em quem somos, a primeira coisa que nos vem à mente é nossa posição como alguém que é profundamente amado por Deus. Isso é verdade a seu respeito? Quando observa o que lhe vem à mente quando pensa em si mesmo, o que você aprende sobre sua identidade? O que o impede de conhecer seu eu em Deus?

9. Como você está crescendo em sua aceitação e abraço da sombra e de todas as partes de si mesmo que você instintivamente quer ignorar? O que o ajuda a acolher essas partes perdidas de si mesmo na família de "eus" que se entrelaçam em você?

10. Reflita nesta citação de Thomas Merton: "Não há maior desastre na vida espiritual do que estar imerso na irrealidade, pois a vida é mantida e alimentada em nós por nossa relação vital com a realidade". Como você classificaria seu abraço da realidade? O que o impede de um total compromisso e aceitação de todas as realidades de sua vida atual? Que coisas o ajudam a mencionar e dar vazão às ilusões que atrapalham seu compromisso total com a realidade?

11. Em contraste com minha sugestão de que nossa identidade deve se basear no fato de sermos amados profundamente por Deus, alguns cristãos afirmam que nossa identidade de cristãos deve se fundamentar no fato de sermos pecadores. Que lado desta polaridade melhor se adapta a suas cren-

ças? O que melhor se adapta a sua realidade atual? Reserve algum tempo para examinar essas opções de identidade dentro do grupo e avalie se sua teologia reflete e apoia adequadamente sua espiritualidade.

12. No capítulo 4 afirmo que o pecado é mais uma questão de ontologia (existência) que de moralidade (comportamento). Ser humano é ser pecador. É sermos mercadoria quebrada, danificada, que carregamos dentro de nosso eu mais profundo uma imperfeição fundamental, fatal, que mascara nossa bondade de criação original. Você concorda? Se não concorda, por que não concorda? Como você definiria o pecado?

13. Onde você se vê na tipologia do Eneagrama com base na leitura do que digo na seção "Ajuda antiga para aprofundar o conhecimento de nosso pecado", ou em seu trabalho pessoal com ela? Que ajuda, se há alguma, você desconfia que ela poderia oferecer para você entender e conhecer as dimensões ocultas de seu eu que precisam ser reconhecidas antes de serem integradas e então transformadas? Que outros instrumentos e processos você utiliza que o ajudam a se conhecer profundamente?

14. O capítulo 4 termina com a sugestão que o genuíno autoconhecimento está disponível a todos que 1) sinceramente o desejam; 2) desejam refletir em espírito de oração sobre sua experiência, 3) têm a coragem de encontrar a si mesmos e a Deus na solidão. Trate cada um desses requisitos como uma escala de dez pontos e se classifique nessa escala em cada um dos requisitos. Isso o ajuda a ver onde você está atualmente em seu percurso transformacional?

15. Você concorda que tudo que é falso a nosso respeito se origina da crença que nossa maior felicidade surgirá se le-

varmos a vida do nosso jeito, não do jeito de Deus? Por que você duvida que Deus seja capaz de assegurar nossa felicidade? Em sua opinião, como essa dúvida leva à evolução e ao fortalecimento de um falso eu?

16. Como você quer que os outros o vejam? O que isso lhe diz quanto a suas suposições a respeito do que você acha que o fará feliz e realizado? Como essa imagem se tornou cada vez mais a mentira que com o tempo você passou a viver? Está preparado para diminuir seu apego a ela?

17. Basil Pennington sugere que a essência do falso eu é a crença que meu valor depende do que tenho e do que faço. Que dimensões adicionais de sua falsidade você identifica depois da reflexão orante sobre seu apego ao que tem e ao que faz? Como você largaria esse apego? O que teme ao fazer isso?

18. Observe seus padrões de sensibilidade e reação além do normal. Que ajuda eles lhe oferecem para entender melhor seus jeitos falsos de ser? Agora faça a mesma coisa com suas compulsões e vícios. Não se apresse em dizer que não tem compulsões nem vícios. Lembre-se, dinâmicas que viciam caracterizam todos nós e estão no fundo de nossas compulsões.

19. Como você entende seu chamado ou vocação? Como isso se relaciona com ser a verdade de seu eu? Como ele pode relacionar-se melhor com ser e viver essa verdade?

20. Como a verdade de sua identidade e de sua vocação poderiam fundamentar-se em seu conjunto único de dons, temperamento, paixões, interesses, curiosidades e anseios profundos? Refletir nisso é discernir a maneira como o chamado e o desejo divinos por você já estão depositados na singularidade de seu verdadeiro eu.

21. Reflita nos dons e convites que você sente que lhe vieram do Espírito de Deus por meio do estudo e do exame deste livro. Como você lhes responderá? Qual será seu próximo passo para dar um "Sim!" como resposta de todo o coração à dádiva de ser você mesmo?

Livros por David G. Benner

Presence and Encounter. The Sacramental Possibilities of Everyday Life. Brazos Press, 2014.

Spirituality and the Awakening Self. The Sacred Journey of Transformation. Brazos Press, 2012.

Soulful Spirituality. Becoming Fully Alive and Deeply Human. Brazos Press, 2011.

Opening to God. Lectio Divina and Life as Prayer. InterVarsity Press, 2010. (Trad. bras.: *Abrir-se para Deus. Lectio Divina e vida como oração.* São Paulo: Loyola, 2023.)

Desiring God's Will. Aligning Our Hearts with the Heart of God. InterVarsity Press, 2005. (Trad. bras.: *Desejar a vontade de Deus. Alinhando nossos corações ao coração do Senhor.* São Paulo: Loyola, 2008.)

The Gift of Being Yourself. The Sacred Call to Self-Discovery. InterVarsity Press, 2004. (Trad. bras.: *O dom de ser você mesmo. O chamado sagrado ao autoconhecimento.* São Paulo: Loyola, no prelo.)

Spiritual Direction and the Care of Souls. A Guide to Christian Approaches and Practices, ed. com Gary Moon. InterVarsity Press, 2004.

Surrender to Love. Discovering the Heart of Christian Spirituality. InterVarsity Press, 2003. (Trad. bras.: *A entrega total ao Amor. Descobrindo a essência da espiritualidade cristã.* São Paulo: Loyola, 2006.)

Strategic Pastoral Counseling. A Short-Term Structured Model. Baker, ²2003.

Sacred Companions. The Gift of Spiritual Friendship and Direction. InterVarsity Press, 2002.

Free at Last. Breaking the Bondage of Guilt and Emotional Wounds. Essence, 1999.

Care of Souls. Reuniting the Psychological and Spiritual for Christian Nurture and Counsel. Baker, 1998.

Money Madness and Financial Freedom. The Psychology of Money Meanings and Management, Detselig, 1996.

Choosing the Gift of Forgiveness, com Robert Harvey. Baker, 1996.

Understanding and Facilitating Forgiveness, com Robert Harvey. Baker, 1996.

Christian Perspectives on Human Development, ed., com Leroy Aden e J. Harold Ellens. Baker, 1992.

Healing Emotional Wounds. Baker, 1990.

Counseling and the Human Predicament, ed. com Leroy Aden. Baker, 1989.

Psychology and Religion, ed. Baker, 1988.

Psychotherapy and the Spiritual Quest. Baker, 1988.

Psychotherapy in Christian Perspective, ed. Baker, 1987.

Christian Counseling and Psychotherapy, editor. Baker, 1987.

Baker Encyclopedia of *Psychology*, ed. Baker, 1985.

Edições Loyola

editoração impressão acabamento
Rua 1822 n° 341 – Ipiranga
04216-000 São Paulo, SP
T 55 11 3385 8500/8501, 2063 4275
www.loyola.com.br